JN496050

평범한 것은 성공이 아니다

김 병 완

어떻게 차별화할 것인가? 어떻게 남과 달라질 것인가?

플랫폼연구소

평범한 것은 성공이 아니다

평범한 사람이 비범하게 살아가는 방법

프롤로그_ 평범한 것은 더 이상 성공이 아니다.

“ 몇 년 전 가족과 함께 자동차로 프랑스를 여행할 때의 일이다. 우리는 동화에나 나옴직한, 소 떼 수백 마리가 고속도로 바로 옆 그림 같은 초원에서 풀을 뜯고 있는 모습에 매혹되었다. 수 십 킬로미터를 지나도록, 우리 모두는 창 밖에 시선을 빼앗긴 채 감탄해 마지않았다.

” 아, 정말 아름답다! “

그런데 채 20분도 지나지 않아, 우리는 그 소들을 외면하기 시작했다. 새로 나타난 소들은 아까 본 소들과 다를 바가 없었고, 한때 경이롭게 보이던 것들이 이제는 평범해 보였다. 아니 평범함 그 이하였다. 한마디로 지루하기 짝이 없었다. 소 떼는, 한 동안 바라보고 있노라면, 이내 지루해진다. 그 소들이 완벽한 놈, 매력적인 놈, 또는 대단히 성질 좋은 놈일지라도, 그리고 아름다운 태양빛 아래 있다 할지라도, 그래도 지루하기는 마찬가지다.

그렇지만 만일 ‘보랏빛 소’ 라면 .... 자, 이제는 흥미가 당기겠지?

퍼플 카우(Purple Cow)의 핵심은 '리마커블(remarkable)' 해야 한다는 것이다. "

<세스 고딘Seth Godindms, [보랏빛 소가 온다(원제: Purple Cow)], 16~17쪽 >

이 말처럼 우리에게 주어진 단 하나의 과제는 남들과의 경쟁에서 승리하라는 것이 아니라 남과 달라야 한다는 것, 즉 당신이 충분히 리마커블해져야 세상과 사람들이 당신을 주목하게 된다. 우리는 남과 경쟁에서 이기기 위해 남들보다 더 잘 하기 위해 노력을 한다. 하지만 그러한 노력에는 한계가 있을 수 있다. 아무리 잘 해도 그 노력만큼 보상을 받기 힘들기 때문이다.

하지만 남들보다 더 잘 하기 위해 노력하는 것 대신에 남들과 달라지기 위해 노력한다면 작은 노력에도 상상도 못 할 정도로 큰 보상이 주어진다는 사실을 경험하고는 기절하게 될 지도 모른다.

남과 다르다는 것은 그것을 소유하고 있는 사람에게는 가장 큰 경쟁력이며, 청중을 사로 잡고, 주목하게 할 수 있는 최고의 카리스마와 영향력이다.

세계적인 동기 부여가인 지그 지글러Zig ziglar 는 '시도하지 않으면 아무것도 할 수 없다.' 라고 말한 적이 있다. 하지만 아무리 시도를 한다 해도 세상과 세상 사람들이 외면한다면, 그 어떤 주목도 받지 못 한다면 그것은 아무 짝에도 쓸모없는 것이 되어 버린다. 그렇기 때문에 무조건 열심히 한다고 해서 성공하는 것이 아니며, 무조건 시도한다고 해서 세상의 주목을 받는 것은 아닌 것이다. 결국 세상의 주목을 받게 되는 것은 남과 다른 것, 리마커블한 것에 한정 된다고 할 수 있다.

' 다르지 않으면 그 어떤 성공도 할 수 없다. '

애플의 아이폰이 세상의 주목을 받고, 스마트폰 열풍을 일으킬 만큼 크게 성공하게 된 단 한 가지 이유는 아이폰이 기존에 이미 출시된 다른 경쟁사들의 스마트폰과 전혀 달랐기 때문이다. 아이폰만의 남다름이 최고의 차별화 전략이 되었고, 경쟁력이 되어 주었던 것이다. 만약에 스티브 잡스가 아이폰이 출시 되기 전에 이미 십 년 전부터 다른 경쟁사에서 꾸준히 출시 해 온 PDA와 스마트폰과 비슷한 것을 만들었다면 세상의 그 어떤 주목도, 열광도 얻어 내지 못 했을 것이다.

삼성에서 만든 갤럭시 노트에 세상 사람들이 열광하는 것은 디지털 기기와 고성능으로 가득 차 있는 디지털 세상에 아날로그적 감성이라는 노트와 펜의 결합을 통한 독특한 차별화에 성공했기 때문이다.

도올 김용옥 선생이 인기를 누리고 사람들이 열광하는 이유는 그가 흔하게 볼 수 있는 전형적인 대학 교수가 아니라, 독특하고 차별화된 이미지로 인해 리마커블하기 때문이다.

흔하게 볼 수 있는 평범한 제품, 평범한 교수, 평범한 사람에게 우리는 끌리지 않는 다. 그 이유는 리마커블하지 않기 때문이다. 남과 다르다는 것만으로 남의 시선을 끌 수 있다. 남의 시선을 끈다는 것은 또 다른 하나의 힘이며, 능력이다.

이 세상에 만들어진 수도 없이 많은 제품 중에 리마커블하지 않아서 기능과 성능 면에서 좋은 제품임에도 불구하고 고객들이 외면함으로써 사라진 제품들이 적지 않은 이유가 바로 이것 때문이다.

디자인에 많은 기업들과 사람들이 집중하는 가장 큰 이유는 디자인이 멋지면 고객들의 시선을 끌 수 있기 때문이다. 결국 디자인이 멋지다는 것은 평범한 디자인과 다르다는 것이다. 혁신을 강조하는 이유 역시 이와 다르지 않다. 혁신을 통해 만들어진 새로운 제품은 무엇보다도 기존의 제품들과 다르다. 바로 그것이 혁신이 중요한 단 한 가지 이유인 것이다.

당신에게는 그 어떤 리마커블한 모습이 있는가? 당신은 지금 다니는 회사의 옆자리 동료와 무엇이 다른가? 당신은 지금 당신 주위의 친구나 사람들과 차별화 되는 한 가지를 가지고 있는 가?

만약에 없다면 이 책을 통해 당신만의 차별화를 발견하고 창출해 내어야 한다. 당신의 남다름에 당신의 미래와 성공이 달려 있기 때문이다.

스티브 잡스가 ' THINK DIFFERENT ' 를 강조한 이유는 '남다름' 이 가장 큰 힘이기 때문일 것이다. '해군이 되지 말고 해적이 되라' 고 말한 이유도 '남과 다른 사람' 이 되라고 말하기 위해서 일 것이라고 필자는 생각한다. 기존의 틀을 깨라고 수많은 경영의 구루들이 말하는 이유도 역시 '남과 다른 것' 이 가장 중요하다는 사실을 그들은 너무나 잘 알고 있기 때문일 것이다.

그리고 무엇보다도 이들은 모두 이 사실을 가장 정확하게 알고 있었던 사람들임에 틀림없다.

" 평범한 것은 더 이상 성공이 아니다."

그러므로 지금 이 순간부터 튀어라! 남과 달라져라! 리마커블해져라! 그렇게 할 때 당신은 논리적으로 설명이 안 되지만 매력이 넘치고 필요한 존재로 부각될 것이다.

우리는 모두 누구나 할 것 없이 최고의 삶을 살고 싶어 한다. 하지만 아무나 최고의 삶을 살지는 못한다. 우리가 최고의 삶을 살지 못하는 것은 타인을 흉내 내고 타인과 같아지려고 노력하면서 살기 때문이다. 최고의 삶이란 완벽한 인간이 된다거나 남들과 같아진다거나 남들보다 더 성공한다는 것을 의미하지 않는다. 바로 자기 자신이 된다는 것이다. 자기 자신이 된다는 것은 남과 다른 자신만의 삶을 살아간다는 것이다. 자신만의 삶을 살아간다는 것은 은행 잔고나 사회적 지위나 학벌 따위와는 전혀 상관이 없다. 남들과의 경쟁에서 승리한다는 것을 의미하는 것도 아니다. 그것은 남과 차별화되는 자신을 만들어 간다는 것이다.

최고의 삶을 살았던 사람들은 남들과 다른 삶을 살았고, 그러한 삶이 바로 자신을 최고로 끌어올리는 삶인 동시에 가장 자기 자신다운 삶이었음을 우리는 알아야 한다.

당신이 누구이든 간에 당신의 최고의 삶을 살 수 있다. 그리고 그 길은 남과 같이 되고, 남과의 경쟁에서 승리하는 길이 아닌 가장 자기 자신다운 차별화된 유일한 자기 자신이 되는 길이다.

프롤로그_ 평범한 것은 더 이상 성공이 아니다.

제 1 부. 리마커블하지 않으면 미래도 없다.

- 차이가 모든 것을 말한다.
- 세상과 반대로 생각하라.
- 남과 다르게 생각하라.
- 미래 인재의 조건은 차별화이다.
- 튀지 않으면 죽음뿐이다.
- 리마커블하지 않으면 미래도 없다.
- 사소한 것부터 차별화하라.
- 당신만의 유일한 특성이 최고의 경쟁력이다.
- 무엇을 하든 세상이 놀라게 하라.
- 삼성을 300배 성장시킨 '그'의 비결은 '남다름'이었다.
- 남과 다르게 행동해야 승리한다.
- 차별화는 기업의 생존 전략이다.
- 독특함에 가치를 더해야 한다.
- 기술에 인문학이 녹아들게 하라.
- 군중을 사로잡는 것이 힘이며 능력이다.

제 2 부. 평범한 것은 삶도 성공도 아니다.

- 평범한 것은 삶이 아니다.
- 비즈니스는 사람의 관심을 사로잡는 것이다.
- 미친 프로젝트를 하라. 미친 짓을 하라.
- 남과 다른 것이 당신의 생명을 구한다.
- 평범한 성공은 실패보다 못 하다.
- 평범함의 또 다른 이름, 벤치마킹.
- 대담한 것은 천재성의 다른 이름이다.
- 남과 다르게 볼 때 인생의 기적은 시작된다.
- 성공을 넘어서라. 성공은 목적이 아니라 과정이다.
- 탁월하게 되는 데 걸리는 시간은 단 1 초이다.
- 기적은 일어나는 것이 아니라 만드는 것이다.
- 창조는 파괴로부터 시작 되어야 한다.

제 3 부. 작은 것이 큰 것이다.

- 작은 것이 큰 것이다.
- 좋든 싫든 당신은 '나 주식회사'의 CEO이다.
- 비교하지 않는 삶을 살아라.
- 한 가지가 많은 것을 이긴다.
- 1인 기업의 대표가 되어라.

- 올해의 인물은 바로 '당신(YOU)' 이다.
- 1%가 달라지면 100%가 달라진다.
- 전략은 고차원적이고 거대한 것이 아니다.
- 시작은 미약했지만 끝은 창대하다.
- 욕심을 버리면 더 빨리 가고 더 성공한다.
- 하루를 성공적으로 보내면 인생도 성공한다.
- 인생은 엄청나게 작은 도미노들로 구성된 게임이다.
- 일상에 기적이 깃들어 있다.
- 작은 차이가 승부를 결정한다.

제 4 부. 단순하게 사는 것이 성공하는 것이다.

- 기다리는 것은 실패하는 것이다.
- 느긋함과 기다림은 다른 것이다.
- 단순함이 최고가 되는 길이다.
- 메시지든 스토리든 단순한 것이 유리하다.
- 비어 있어야 쓸모가 있게 되는 것이다.
- 쉬운 것이 올바른 것이다.
- 성공을 넘어서라.
- 줄 때 우리는 더 많이 받게 된다.
- 가볍게 걷는 이가 멀리 간다.

- 때로는 즐기면서 균형 잡힌 삶을 살아라.
- 머릿속을 비울 때 더 강력해 진다.
- 잘하는 일에만 집중하는 것이 단순함이다.
- 단순함의 원조는 고슴도치의 전략이다.
- 단순함의 극치인 우직한 바보가 성공한다.

에필로그_ 성공은 코끼리를 잡아먹는 것과 같다.

제 1 부. 리마커블하지 않으면 미래도 없다.

"개성이 없으면 접촉은 무의미한 것이고 심지어 짜증스러울 수도 있다. 개성이 없는 사람은 성가신 파리나 마찬가지다."
_호아킨 로렌테

"내가 어떤 존재이고 왜 여기 있는지 알지 못한다면 인생을 살아갈 수 없다."
_톨스토이

" '완벽이 아니면 모두 소용없다.' 라는 격언을 한 단어로 줄이면 '무기력' 이다."
_처칠

– 차이가 모든 것을 말한다

세계적인 경영컨설턴트인 톰 피터스는 자신의 저서 [인재]에서 다음과 같이 말했다.

"(기업, 그리고 당신에게) 차이, 특히 극적인 차이야말로 브랜딩의 전부다. 당신은 어떤 면에서 독특한가? 그걸 찾아내라. 그걸 선전하라. 그걸 키워라."
_톰 피터스, <인재>, 51쪽

이 책을 보면 정말 머리를 망치로 내려치는 듯 고정관념과 의식이 한순간에 깨어지는 것을 느끼고도 남는다.
그는 또한 '튀지 않으면 죽음뿐이다.' 라고 말하면서 우리를 자극한다. 그렇다면 그의 말이 정말 진실일까? 아니면 그저 자신도 튀어 보려고 자극적인 문장을 사용하는 것에 불과한 것일까?
이러한 질문에 정확한 대답을 하기 위해서는 톰 피터스에 대해 다른 사람들의 평가가 어떤지 알아 볼 필요가 있을 것 같다. 먼저 '이코노미스트' 는 그를 경영 구루 중의 구루라고 평가하고 있다. 그리고 'LA 타임스' 는 그를 포스트모던 기업의 아버지라고 부르며, '포춘' 은 '우리는 톰 피터스의 세계 안에 살고 있다.' 고 말한다. 전문가 중의 전문가라고 할 수 있는 유명한 권위지들이 검증되지 않은 사람에게 이러한 칭송을 보낼 리는 없을 것이다. 그러므로 그의 말을 신뢰해도 크게 잘못될 것 같지는 않다. 그렇다면 그의 주장을 좀 더 살펴보자.

그의 저서 [초우량 기업의 조건]은 미국 공영 라디오 방송에 의해 '세기의 3대 경영서' 중 하나로 선정되었다. 그리고 그가 자신의 수많은 책들을 통해 지속적으로 강조하는 것은 '튀어라' 는 것이다.

괴짜가 되고, 뭐든지 남들과 차별화시켜야 살아남을 수 있다는 것이 그의 주장이다. 한마디로 '차이가 모든 것을 말한다.' 라고 표현해도 될 것 같다. 이렇게 차별화를 강조한 경영 석학이 톰 피터스 혼자가 아니라는 점은 우리를 흥분시키기에 충분하다.

마케팅의 귀재 세스 고딘도 차별화에 대한 신봉자 중의 한 명이다. 이러한 사실을 그의 저서 [보랏빛 소가 온다 Purple Cow]를 통해 더욱 더 정확하게 알 수 있다. 그는 좋은 것만으로는 이제 부족하다고 말한다. 남들과 뚜렷한 차이, 즉 리마커블해야 한다고 주장한다. 이렇게 말이다.

“기업은 고객의 주목을 받을 권리가 없다. 지금까지 기업은 평범한 사람들을 위해 평범한 제품을 만들어왔을 뿐이다. 그러면서 자신을 주목해달라고 계속 사람들을 귀찮게 굴었다. 이제 사람들은 기업을 주목하지 않게 되었다. 성장할 수 있는 유일한 길은 튀는 것이다.”
_세스 고딘, <보랏빛 소가 온다>

그리고 그가 주장하는 리마커블해야 하는 이유는 그가 또 다른 저서 [린치핀]을 통해 한마디의 문장으로 찾을 수 있다.

“대체불가, 모방불가, 측정불가의 재능을 가지고 있는 꼭 필요한 사람이 되기 위해서 이다.”
_세스 고딘, <린치핀>

이런 점에서 차이가 모든 것을 말한다고 할 수 있다. 왜냐하면 차이가 없는 평범한 사람이 지금까지 위대한 업적을 이룩한 적은 단 한 번도 없었기 때문이다. 우리가 항상 생각하는 것 중의 하나는 '튀지 말라는 것' 이다.

한국에서 교육을 받다 보면 '튀면 무조건 손해를 보게 된다' 는 의식을 무의식 중에 가지게 된다. 가령 학창시절에 공부를 하다가 선생님들이 군기를 잡기위해 시범케이스로 한 명을 야단치거나 사랑의 체벌을 하려고 할 때, 가장 먼저 0순위가 되는 사람은 바로 튀는 놈이기 때문이다.

그래서 우리는 감수성이 가장 예민했던 학창시절에 공부를 하면서도 더 중요한 교훈을 하나 얻게 된다. 바로 '튀는 것은 죽음이다.' , '튀는 것은 손해를 보는 것이다.' , '튀는 것은 가장 어리석은 짓이다.' 라는 것이다. 그래서 이러한 교훈을 가지게 되고, 그것을 가지고 평생 살아가게 된다. 그 결과 우리는 스스로를 속박하고, 구속하게 된다. 절대 튀지 말아야 한다는 그러한 눈에 보이지 않는 속박과 구속 때문에 우리는 남들과 똑같은 재미없고 지루하고 무기력한 삶을 살아가게 되는 것이다.

과거에는 튀는 사람이 가장 손해를 많이 봤다. 한국 사회가 특히 그런 사람들에게 더 너그럽지 못했다. 유교적

분위기가 주도했기 때문이기도 했다. 하지만 이제는 어떤 상황에서도 튀는 사람이 가장 큰 혜택을 보게 되어 있다. 자신의 행동이 남에게 피해를 주지 않는다면 튀는 것은 매우 중요하고 필수적인 생존 전략이 되었다.

개그맨이 되거나, 영화인이 되어도 개성이 있어야 팔리는 시대이다. 길거리에서 너무나 쉽게 접할 수 있는 그런 평범한 얼굴, 평범한 모습, 평범한 성격의 사람들은 절대 인기 연예인이 될 수 없다. 남들보다 월등하게 예쁘든가, 남들보다 월등하게 못 생겼든가, 남들보다 월등하게 개성이 있든가 해야 팔리는 것이다.

이러한 사실은 개인에게만 국한된 이야기가 아니다. 기업도 마찬가지이다. 다른 기업과 똑같은 기업은 절대 생존할 수 없다. 다른 기업과 뭔가 달라야만 주목을 끌 수 있게 되고, 그러한 주목은 곧 경쟁력이며, 생존할 수 있는 유일한 길이 되어 준다. 타인의 주목을 끌지 못하면 생존할 수 없는 시대가 되었다. 그러한 시대가 된 가장 큰 원인은 첨단 기술의 발달 때문이다. 특히 인터넷과 교통수단의 발달로 소비자들은 이제 전 세계의 기업들의 제품 정보를 손바닥 보듯 훤하게 내려다보고 있다. 그 결과 소비자들은 이제 막강한 권력을 가지게 되었고, 그들은 수백 개의 비슷한 기업들 중에 가장 눈에 튀는 기업의 제품을 살 수 있는 권리가 생긴 것이다.

인터넷과 SNS의 발달로 인해 똑같은 성격의 기업들은 지구 반대편에 있는 기업들까지도 상대해야 하는 운명에 놓이게 되었다. 그래서 튀지 않으면 안 되는 시대가 시작된 것이다. 결국 이런 시대에는 차별화가 가장 큰 경쟁력이다.

"잘 만들려고 노력하지 말고, 남과 다르게 만들려고 노력하라."

이것이 필자가 주장하고 싶은 한 가지 교훈이다. 남들을 이기려고 하지 말고 남과 다르게 되려고 노력해야 한다. 남과 다르게 될수록 당신만의 강력한 무기를 획득하게 되는 것과 같기 때문이다.

인생을 남들보다 열심히 살려고 하지 말고 남과 다르게 살려고, 차이를 만들려고 하라. 그렇게 하면 돈도 더 많이 벌게 되고, 인생이 더 즐거워지고, 자신은 더욱 더 가치가 높아지게 된다. 경제적으로 성공하고 싶은 사람이 있다면 차이를 만들어라. 그리고 최고의 삶을 살고 싶다면 최고가 되어야 한다. 최고가 된다는 것은 경쟁이 심하다. 하지만 남과 다른 차이를 만드는 것은 그렇게 경쟁이 심하지도 않으면서, 최고의 삶과 비슷한 수준의 삶을 살 수 있다. 그렇다면 힘도 적게 들고, 뼈 빠지게 열심히 일하지 않아도 최고와 비슷한 삶을 살 수 있다면 그 길을 선택하지 않을 이유가 어디 있겠는가? 그리고 남과 달라진다는 것은 새로운 자신만의 분야에서 스스로 최고가 될 수 있는 가장 좋은 방법이기도 하다. 남과 다르기 때문에 타인들은 절대 비교를 할 수 없게 되는 것이다.

성실하고 정직하게 사는 사람들이 넉넉하게 살지 못 하는 이유는 너무나 많은 사람들이 비슷한 삶을 살고, 비슷한 일을 하기 때문이다. 우리가 자본주의 사회에 살면서 공산주의가 지향하는 똑같은 일을 똑같이 하고 똑같이 분배하는 그런 의식 속에서 자신도 모르게 살 필요는 없는 것이다. 자본주의 사회를 움직이는 본질은 남과 다른 그 무엇을 더 대우해 준다는 것이다.

세계적인 경영학자 마이클 포터는 '전략은 곧 차별화' 라고 했지만, 전략뿐만이 아니라 모든 혁신과 생존

비결은 바로 '차별화' 라고 해도 과언이 아니다.

당신에게 '남과 다른 그 무엇', 즉 '차이' 가 있는가? 없다면 그것을 만들어야 하고, 발견해야 한다. 있다면 그것을 더욱 더 강력한 것으로 발전시켜야 한다. 대중들은 바로 그 '차이' 에 끌리게 되고, 그 '차이' 에 기꺼이 지갑을 열고, 그 '차이' 에 박수를 치고 열광을 하기 때문이다.

스페인 광고, 홍보업계의 살아 있는 전설로 커뮤니케이션 혁명을 주도한 세계적인 퍼블리시스트인 호아퀸 로렌테는 [생각하라, 생각은 공짜다]란 재미있는 책을 통해 다른 사람과 구별되는 차이가 없는 사람, 즉 개성이 없는 사람은 성가신 존재인 파리와 같다고 말했다.

"우리는 혈연이나 동일한 정서로 묶인 관계 속에서만 살아갈 수 없다. 잘 모르는 사람과도 널리 공존해야 한다. 따라서 모든 사람은 각자가 하나의 브랜드다. 우리의 이름은 그런 공동체에 가입했다는 표시다. 그러나 환영받느냐 거부당하느냐는 서로에게 얼마나 이익이 되느냐만이 아니라 어떤 퍼스낼리티를 가지고 있느냐에 따라 결정된다.

개성이 없으면 접촉은 무의미한 것이고 심지어 짜증스러울 수도 있다. 개성이 없는 사람은 성가신 파리나 마찬가지다."
_호아킨 로렌테는, <생각하라, 생각은 공짜다>, 205쪽

그의 말처럼, 우리가 환영받느냐 거부당하느냐는 얼마나 남들과 차이점을 가지고 있느냐에 의해 결정된다. 그렇기 때문에 차이가 모든 것을 말하는 것이다. 남과 다르다는 것은 이제 경쟁력이며, 힘이며, 존재감의 다른 이름인 것이다.

– 세상과 반대로 생각하라

우리가 사는 세상이 각박해져 가는 이유 중에 하나는 수많은 기업들이 인력을 하나의 부품과 자원, 비용이라고 생각하기 때문일 것이다. 그래서 필요하면 언제든지 채용을 해서 활용을 하다가도, 필요성이 사라졌을 때는 헌신짝처럼 내버리면서 구조조정을 해 버리는 기업들이 대

부분이라고 해도 과언이 아니다.

오히려 이윤 추구와 실리를 더 중요시 여기는 현대 사회에서는 우리에게 바보처럼 살지 말고, 똑똑하게 살라고 부추기는 것이 사실이다. 바보가 아닌 똑똑하게 산다는 것은 어느 정도 자신의 이익을 위해서는 타인의 생존이나 이익 따위에는 관심을 가지지 않아야 한다는 것을 의미하는 것인지도 모른다.

그래서 경기가 불황이 될 때마다 수많은 기업들이 가장 먼저 하는 방책은 자신과 회사를 살리기 위해 수많은 직원들을 정리 해고하는 것이다. 세계 최고의 명문대학의 MBA과정에서도 미래의 경영자들에게 가르치는 것 중의 하나가 불황이 되었을 때나 심지어 정기적으로 구조조정을 통해 조직을 좀 더 강한 체질로 바꾸어야 하는 것에 대한 타당성과 그것을 효율적으로 잘 할 수 있는 방법을 가르친다.

세상 모든 경영자들과 기업들이 필요하다면 구조조정을 하는 세상이 되었다. 하지만 이러한 세상과 정반대로 생각하고 행동하고 기업을 경영하는 사람이 있다. 그 사람은 바로 일본에서 '샐러리맨의 천국'이라 불리는 '미라이 공업'의 창업주인 야마다 아키오 사장이다.

그는 세상과 반대로 생각한다. 그래서 대부분의 기업들이 수시로 '구조조정'을 하지만 그와 그의 '미라이 공업'에는 구조조정이란 것이 없다.

세상의 대부분의 기업에서는 이미 사라진 종신 고용이 그에게는 가장 중요한 회사의 경영 방침이다. 세상의 대부분의 기업에서는 과중한 업무 목표를 정해 놓고 직원들에게 목표 달성을 강요하며 스트레스를 주지만 미라이 공업에는 업무 목표라는 것이 없다.

'미라이 공업'에는 다른 회사에 없는 것들이 많다. '70세 정년', '연간 140일 휴가 + 개인 휴가', '3년간 육아 휴직 보장', '5년마다 전 직원 해외여행', '전 직원 정규직' 등이 미라이 공업의 독특한 차별화이고 남다름이다. 뿐만 아니라 '미라이 공업'에는 잔업이나 휴일 근무가 없다.

야마다 사장은 세상의 생각과 정반대쪽에 서서 회사를 만들었고, 세상의 상식과 정반대쪽으로 생각하고 행동하면서 그 회사를 40년이 넘도록 일본 최고의 중소기업으로 이끌었다. 그가 주장하는 생각들은 이 세상과 달라도 너무나 달랐다. 대부분의 경영자들의 생각과도 달랐다.

"인간은 비용이 아니다."

"어느 조직이고 우수한 20%와 덜 우수한 80%의 사람으로 구성된다. 그렇다고 80%의 덜 우수한 사람들을 쓸모없다고 말할 수 있는가?"

그는 경영 원칙의 본질은 '인간 중심' 이다. 그래서 그가 진정 원하는 것은 '사장과 사원이 함께 즐겁게 돈을 버는 것' 이다. 그의 남다른 생각, 세상과 반대되는 생각은 샐러리맨의 천국인 '미라이 공업' 을 탄생시켰던 것이다.

그의 남다른 차별화는 결국 기적을 만들어냈다. 세계적인 대기업 마쓰시타를 누르고 동종업계 시장점유율 1위라는 결과를 이루어 냈기 때문이다. 일본의 언론들은 그의 세상과 다른 남다른 '인간 중심 경영' 을 '유토피아 경영' 이라는 찬사를 보내며 주목하였고, 일본 열도는 이 사실을 알고 열광의 도가니에 빠졌던 것이다.

구조조정과 성과주의가 상식이 된 오늘날의 기업 경영과 환경 속에서 세상의 시류와 정반대의 경영 원칙과 행보를 보여 주고 있는 미라이 공업의 야마다 사장에게서 우리가 배워야 할 것은 세상을 이기는 자들은 세상과 다른 자들이라는 사실일 것이다.

수많은 기업들이 세상을 이기지 못하고 고전을 면치 못하는 이유 중의 가장 큰 이유는 세상과 똑같아지려고 하기 때문이다. 세상과 차별화되고, 세상과 달라야 이길 수 있고, 리드할 수 있는 것이다.

인간을 하나의 비용이나 수익을 창출해 낼 수 있는 자원으로 여겨서 비정규직을 많이 만들어 어떻게든 착취하려고 하는 기업들과 달리 미라이 공업의 야마다 사장은 인간을 가장 중요시한다. 그래서 기업은 존재 이유가 기업 자체가 아니라 사원들을 위해 존재하는 것이라고 말하기도 한다.

"기업이 커져서 사원에게 도움이 된 적이 있나?

기업은 기업 자체를 위해서가 아니라 사원을 위해 있는 거야."

기업의 경영자가 되어 기업을 크게 성장시킨다는 것은 멋진 일일 것이다. 하지만 그것보다 더 멋진 일이 있다. 바로 미라이 공업의 야마다 사장처럼 기업을 사원들의 천국으로 만드는 것이다. 돈을 많이 버는 것보다 백배나 천배 더 멋진 일이 이것이 아닐까? 그런 점에서 미라이 공업의 야마다 사장은 멋진 분이다.

우리는 연극을 보면서 감동을 받을 때가 있다. 하지만 누군가의 기업 경영을 통해 감동을 받는 경우는 극히 드물다. 미라이 공업의 야마다 사장을 통해 우리는 감동을 받았다. 그리고 그것은 미라이 공업이 돈보다 더 중요시 여겼던 것이다. 미라이 공업의 홈페이지에서 볼 수 있는 멋진 문장이 그러한 사실을 대변해 주고 있다.

"연극집단은 기업이 되었다. 그러나 사람들을 감동시키는 것을 잊지 않았다."

이 말처럼 미라이 공업의 토대가 되어 준 것도 세상과 달랐다. 야마다 사장에게는 독특한 경력이 있다. 그것은 그가 부친이 운영하는 '야마다 전선 제조소'의 전무이사로 있을 때, 일보다도 더 연극에 미쳐서 살았던 때가 있었다. 일보다 더 연극에 미쳤기 때문에 결국 회사에서 쫓겨나서 먹고 살 길이 막막하게 되었다. 바로 그때 야마다 사장은 극단 '미라이좌'의 동료들을 중심으로 하여 '미라이 공업'을 설립하였다. 미라이 공업의 '미라이' 라는 이름도 극단의 이름을 따온 것이다. 이처럼 '미라이 공업' 의 시작 또한 세상 사람들이 생각하는 것과 전혀 달랐다.

미라이 공업의 홈페이지에 있는 말처럼 연극집단이 미라이 공업이 되었던 것이다. 하지만 남과 다른, 세상 시류와 정반대되는 기업 경영 방침과 독특하고 남다른 인간 중심의 행동과 사고를 통해 사람들을 감동시켰던 것이다.

우리들을 감동시키는 것을 잊지 않은 연극 집단에서 비롯된 미라이 공업은 그 자체가 한 편의 감동적인 연극이 아닐 수 없다.

– 남과 다르게 생각하라

자기계발분야 책 중에서도 오래된 고전 중의 하나가 [백만장자 마인드The Millionaire Mind]라는 책이다. 이 책은 1973년부터 부자에 대한 연구와 강연 및 저술 활동을 해왔던 토머스 J. 스탠리 박사가 쓴 책이다. 그런데 우리가 보통 백만장자라면 보통사람들보다 더 영민하고, 더 지적이고, 더 똑똑할 것이라고 생각하지만, 이 책의 저자는 이러한 사실이 그저 통념에 불과하다는 사실을 확실하게 알려 준다는 점에서 매우 중요하고 유익한 책이다.

토머스 스탠리 박사는 백만장자들의 대학교 평점과 수능 성적을 연구하고 분석한 결과 그들에 대한 평가를 다음과 같이 내렸다.

* 지적으로 탁월하지 않다.
* 법대를 나올 만한 자질이 없다.
* 의대를 다닐 만한 재목이 못 된다.
* MBA를 통과할 만한 능력이 없다.
* 성공할 것 같은 영민함이 없다.

그의 분석 결과 외에도 백만장자들이 직접 자신에 대해 말한 것을 살펴보면 이러한 사실에 대해 더 정확하게 알 수 있다.

“우리들 중 일부는 수능성적이 1000점이 안 된다. 그럼에도 우리들은 백만장자가 되었다. 경제적으로 성공한 사회인이 되는데 학창시절의 경험은 어떤 역할을 하였을

까? 900점대 사람들의 70%가 이런 말을 한다.

우리들은 학교생활을 통해, 무언가를 성취하는 데에는 타고난 지능보다 열심히 노력하는 것이 더 중요하다는 것을 알게 되었다."

_토머스 J. 스탠리, <백만장자 마인드>, 30쪽

엄청난 부자가 되고, 회사의 중역이 되고, 대스타가 되는 사람들의 공통점은 학창시절에 공부를 못했다는 것이다.

"그는 과에서 우등으로 졸업하지 못했다. 노력을 하지 않은 것이 아니라, 점수란 게 그렇게 마음먹은 대로 나오는 것이 아니기 때문이다. 심지어 어떤 교수는 다음과 같은 말을 했다. "나는 로베르토 고이수에카가 코카콜라 회사의 회장이 될 줄은 상상도 못 했다."

_토머스 J. 스탠리, <백만장자 마인드>, 34쪽

이처럼 백만장자가 되고, 큰 부를 축적하는 데에는 학교 성적이나 영민함이나 똑똑함과는 아무 관련이 없다. 그렇다면 무엇이 관련이 있는 것일까?

이 책의 저자는 한마디로 백만장자들이 배운 교훈과 이

책의 주제를 다음과 같이 한 문장으로 표현했다.

"보통 사람들과 다르게 생각하라."

그는 말한다. 많은 백만장자들이 햇병아리 시절을 거치면서 배웠다고 말하는 것이 바로 이것이라고 말이다. 즉, 백만장자들이 크게 성공할 수 있었던 이유는 그들이 남과 다른 길을 선택할 수 있었기 때문이다. 그리고 그들이 그렇게 자신의 천직을 선택할 수 있었던 결정적인 토대가 되어 준 것은 보통 사람들과 다르게 생각하는 것이다. 그들은 한 목소리로 남과 다르게 생각하고, 다른 사람들이 가지 않는 길, 즉 자신의 천직을 선택하게 되면 경제 법칙이라든가 심리학 법칙 같은 것은 다 자신들이 하기 나름이란 것이다. 그 결과 조류를 거슬러 올라가든, 내려가든 쉽게 할 수 있었다는 것이다.

그들이 그렇게 백만장자가 될 수 있었던 요인을 크게 두 가지로 말한다면 첫째는 남과 다르게 생각할 줄 알아야 한다는 것이고, 둘째는 남과 다르게 생각해서 자신의 천직이라고 생각하는 길을 발견했다면 용기와 배짱을 가지고 밀어붙일 수 있는 추진력이라고 할 수 있다.

그런데 이렇게 남과 다른 길을 밀어붙일 수 있는 추진력의 토대가 되는 것도 또한 남들과 다른 생각이라는 점을 우리는 알아야 한다. 보통 사람들에겐 그 길이 전혀 미래가 없어 보이고, 가망이 없어 보이지만, 그 길을 한 치의 흔들림도 없이, 주저함도 없이 갈 수 있는 이유는 남과 다르게 생각함으로써 그 길이 너무나 미래가 있어 보이고, 가망이 있어 보이기 때문이다.

소가 수레를 이끌 듯 우리의 생각이 우리의 인생을 이끌어 간다. 우리의 생각이 성공을 향해 있다면 우리의 인생도 성공을 향해 나아갈 수 있다. 지금부터 남과 다르게 생각해 보는 연습을 해보자. 작은 습관이나 행동도 상관없다. 남과 다르게 생각하고 행동할 때, 남다른 독창적인 아이디어가 더 많이 생겨난다는 사실을 명심하자.

"무조건 남과 달라야 한다."

이것이 필자가 제시하는 백만장자가 되는 유일한 비결이다. 그렇다면 어떻게 해야 무조건 남과 다르게 생각할 수 있고, 남과 달라 질 수 있을까?

남과 다르게 생각할 수 있는 좋은 방법은 무엇을 보든 간에 그것을 태어나서 맨 처음 보는 듯 한 느낌을 갖는 것이다. 다시 말해, '부자 데Vuja de'의 감각을 가지라는 것이다. '부자 데Vuja de'에 대해서 모르는 사람은 많지만, 이 말과 반대되는 개념인 '데자 부Deja vu'에 대해서는 거의 다 알고 있을 것이다. 이것은 모든 사람이 잘 알고 있는 대로 전에 한 번도 그런 경험이나 본 적이 없었는데도 어떤 것을 보았거나 경험했다고 착각하는 것을 말한다. 이와 반대로 '부자 데Vuja de'는 우리가 평소에 무수히 보았던 것이라도, 그것을 태어나서 처음으로 보는 듯한 느낌을 항상 유지하면서 처음 본 것처럼 느끼라는 것이다.

19세기 유럽소설의 결정체로 불리는 [잃어버린 시간을 찾아서]라는 대작을 남긴 프랑스의 소설가 마르셀 프루스트는 이것에 대해 다음과 같이 말했다.

"진정한 발견 행위는 새로운 땅을 발견하는 것이 아니라 새로운 눈으로 사물을 보는 것이다."

그의 말처럼 남과 다른 새로운 생각을 하기 위해서는 새로운 눈으로 사물을 보아야 한다. 그것이 남과 다르게 생각하는 가장 좋은 방법이라고 생각한다.

– 미래 인재의 조건은 차별화이다

기존에 이미 나와 있는 지식이나 정보를 그저 정리해서 전달해 주는 강사나 작가라면, 차별화란 측면에서 제대로 된 미래 인재의 조건을 갖추었다고 할 수 없다. 차별화가 없는 이런 인재는 시장에는 차고 넘치기 때문이다. 하지만 자신만의 독특함을 가지고 자신만의 새로운 지식이나 기술, 방법을 독자나 대중에게 제공해 줄 수 있는 강사나 작가는 흔하지 않다. 즉, 남들이 따라오지 못하는 뚜렷한 차별화가 있다.

바로 이런 인재들이 미래 인재의 조건이며, 한마디로 성공의 조건을 갖추었다고 할 수 있다. 현재 국내 최고의 변화관리자이자 경제경영전문가로 인정받아 온 공병호 씨는 저서 [미래 인재의 조건]에서 미래 인재가 갖추어야 할 조건 중에 첫 번째로 남들이 가지지 못한 가장 큰 차별화로 '자신만의 독특한 구체적인 문제해결 능력'을 들었다.

"고객이 궁금해 하는 문제와 알고 싶어 하는 문제, 고민하는 문제에 대해 자신만의 독특함으로 구체적 지식이나 기술, 방법을 제공할 수 있는 능력을 가진 강사는 흔하지 않지만 분명히 있다. 이들은 문제해결 능력, 즉 해법을 소유한 인재라고 부를 수 있다. 이들은 자신만의 독특함을 만들어 내는 데 성공한 사람으로 시장에서 비슷한 사람을 찾아내기가 힘들다. 그러므로 희소성을 가졌다는 장점에다 구체적인 해결책을 제공함으로써 고객의 문제해결에 직접적인 도움을 줄 수 있다. 그렇다 보니 당연히 인기를 끌 수밖에 없는데, 미래에는 더 큰 인기를 끌 것으로 보인다."

_공병호, <미래 인재의 조건>, 125쪽

결국 남들이 다 할 수 있는 것을 하는 사람은 시장에서 비슷한 사람을 찾기가 쉽기 때문에 노력한 만큼 경쟁력이 되지 않는다는 말이다. 남들이 하지 않는 것, 남들과 다른 것, 자신만의 독특함을 만들어 낼 수 있는 사람, 그것에 성공하고, 그것을 하는 방법을 알고 있는 사람만이 시장에서 각광을 받는다. 이런 점에서 차별화는 성공의 최대의 조건이라 할 수 있다.

[미래를 경영하라Re-imagine]의 저자인 톰 피터스Tom peters는 로스앤젤레스 타임스가 '포스트모던 기업의 아버지'라고 부르는 인물로 현대 미국 기업의 형성에 미친 영향은 엄청나다. 그런 그가 이 책을 통해 이제는 새로운 전쟁이 시작되었고, 새로운 비즈니스가 시작되었다고 우리에게 주문한다. 새로운 배경, 새로운 기술, 새로운 가치, 새로운 브랜드, 새로운 시장, 새로운 일, 새로운 사람들, 새로운 방향 등과 같은 새로운 것들로 이루어지는 새로운 시대가 도래했다고 주장한다.

기존의 전통적인 방식만 고집한다면 절대적으로 불가능한 일인, 수많은 탱크와 항공모함과 핵잠수함을 보유하고 있는 세계 유일의 초강대국에게 전혀 다른 차원의 차별화된 전술인 종이 상자 자르는 3.19달러짜리 칼 몇 개와 비행기 조종술, 원활한 커뮤니케이션과 하나가 된 단련된 팀워크의 몇 명이 수모를 안겨주었던 9.11 사건이 발생한 2001년 9월 11일을 기점으로 모든 것이 바뀌었다.

한마디로 지금은 무법천지라는 것이다. 옛날에 질서를 유지시켰던 모든 법칙과 원칙이 점점 더 그 효능을 상실해 가고 있고, 시시각각 변하는 세상의 변화 속도는 더욱 더 빨라지고 있다. 이러한 혼란의 변혁의 시대에 그가 요구하는 것은 혼란을 즐겨라는 것이다.

당신에게 분명한 차별화가 없다면, 먼저 혼란을 즐겨보라. 그리고 실패를 빨리 해 보라는 것이다. 그것이 빨리 성공하는 길이다. 혼란을 즐긴다는 것, 실패를 빨리 해본다는 것은 결국 남들이 간 길을 그대로 쫓아가서는 결코 만날 수 없는 등산 코스이다. 남들이 한 번도 시도하지 않은 등산 코스를 선택할 때 제대로 된 혼란을 즐길 수 있고, 멋진 실패를 할 수 있게 되는 것이다. 남들을 따라 갈 때 어정쩡한 성공 같지 않은 성공을 하고, 멋지지 않은 등산을 하게 될 것은 너무나 뻔하다. 그런 등산에는 그 어떤 열광도, 흥분도, 열정도 도사리고 있지 않다. 더욱 더 중요한 사실은 초경쟁시대, 모든 것이 뒤죽박죽된 세상에서 살아남을 수 없게 된다는 사실이다.

이제는 블루 칼라, 화이트 칼라, 골드 칼라(goldcollar worker, 정보통신, 금융, 예술 계통의 전문직 종사자)의 시대가 아닌 모든 기존의 것을 파괴하고, 남과 다른 방식과 차별화를 추구하는 유니크 칼라(unique collar worker, 어떤 직종의 종사자이든 남과 다른 차별화를 통해 경쟁력을 확보하여 그 분야에서 뚜렷한 존재감을 드러내는 창조적인 혁신가들을 말하는 말로 필자가 이 책을 통해 처음으로 사용하는 신생어임)의 시대인 것이다.

미래 인재는 한마디로 차별함과 독특함으로 무장한 유니크 칼라를 말한다. 유니크 칼라의 대표적인 인물로는 정치계에 신바람을 일으키고 있는 독특한 안철수 교수, 방송계에서 가장 독특한 캐릭터인 노홍철 씨, 기업 경영 컨설턴트에서 가장 괴짜같은 톰 피터스, 무겁고 딱딱한 교수의 이미지에서 완전히 탈피한 문화심리학자 김정운 교수, 한의사에서 기자로, 기자에서 교수로, 그리고 베스트셀러 작가로 종횡무진 활동하고 있는 도올 김용옥 교수 등이 모두 유니크 칼라라고 말할 수 있다. 이처럼 유니크 칼라들을 결정짓는 가장 중요한 특성은 남과 다른 차별화이다. 그리고 이런 차별화는 확실한 경쟁력이며,

미래 인재의 조건이 된다.

톰 피터스는 필자가 선택한 최고의 유니크 칼라이다. 그리고 그는 앞으로 15년 안에 화이트 칼라 직종 중 80%가 완전하게 사자질 것이라고 예언을 했다.

과거에 우리를 잘 나가게 해 주었던 기술과 방식은 이제 새로운 함정이 되고, 안정을 추구하는 점진적 발전은 완전히 틀린 해답이 되어 버린 이 시대에 우리가 해야 할 것은 과거의 자신을 파괴하여 새로운 남과 다른 차별화된 자신을 재창조하는 것이다.

– 튀지 않으면 죽음뿐이다.

'이코노미스트' 가 구루 중의 구루라고 부르는 톰 피터스는 [톰 피터스 에센셜, 인재]에서 당신 자신만의 특별함을 가진 당신이라는 브랜드를 재창조하지 않으면 죽음 뿐이라고 강하게 주장한다. 브랜드유 세상의 법칙은 아무리 이야기를 둘러서 한다고 해도 하나 뿐인 이것이라고 한다.

"튀지 않으면 죽음뿐이다."

그는 우리에게 차이를 추구하라고 강조한다. 그것도 극적이 차이 말이다. 극적인 차이야말로 브랜딩의 전부라고 한다. 당신은 어떤 면에서 독특한가? 그걸 찾아내야 한다고 그는 역설한다. 그리고 그것을 찾아내어 선전하고 크게 키울 때 미래가 있다고 말한다. 그가 이렇게 주장하는 이유는 이제 화이트 칼라 시대는 종식되었기 때문이다. 최근 1,000년 동안 발생한 가장 중요한 사건이 일과 직장의 변화라고 한다. 이러한 변혁의 시대에 살면서도 많은 사람들은 안정된 직장이라는 환상에 젖어 새로운 시대에는 개인의 재창조인 브랜드유의 필요성을 깨닫지 못 하고 있는 것이다. 일의 본질적인 변화를 정확하고 극적으로 표현한 다이엘 핑크Daniel Pink의 역작 [프리에이전트의 시대Free Agent Nation]를 보면, 이런 충격적인 사실이 나온다.

"현재 '포춘Fortune'이 선정한 500대 기업에서 일하는 미국인은 10명 중 한 명도 안 된다."

결국 평생직장 개념은 무너진 지 오래고, 대기업도 더 이상 안정된 직장이 아니며, 이제는 평균 여섯 곳 이상의 직장과 2~3개 이상의 직업을 가져야 하는, 아니 갖는 시대가 되어 가고 있다는 사실을 직시할 때이다. 이러한 사실들을 통해 반드시 깨달아야 하는 중요한 사실은 우리는 모두 독립 계약자라는 사실이다. 독립 계약자는 반드시 남과 다른 차별화를 가진 브랜드유를 창조해야만 한다는 결론에 도달할 수 있다.

그의 말처럼 브랜드유를 가장 잘 창조해 내는 집단이 있다. 바로 대학 교수들이다. 그들은 대학이라는 고용주에 고용된 일개 직원이 아니라 가장 자율적으로 자신의 독특함과 자신의 전공과 연구 결과를 자율적으로 브랜드화하여 책이나 세미나, 학술 단체를 통해 창조적으로 튀기 위해 모험을 하는 창조적 모험 집단이다.

최근에 베스트셀러가 된 대학 교수들이 모두 이런 유형의 창조적 모험가들에 속한다. 이들에게는 장밋빛 미래가 열린 것이다. 이들은 다른 교수들이 주어진 학과에만 전념하며 남과 다른 차별화를 추구하지 않을 때, 자신만의 남다름을 추구하며 모험을 했던 모험가들이었던 것이다.

이러한 사실에 대해 톰 피터스도 다음과 같이 설명하기도 했다.

"브랜드유 개념을 놀라울 정도로 완벽하게 구현한 집단이 있다. 바로 대학 교수들이다. 일반인은 학문의 최고봉에 있는 학자들이 마케팅의 대가라는 사실을 이해하지 못 한다. 그러나 오늘날의 교수들은 과거처럼 '어리석은 책벌레' 가 아니라 '창조성이 풍부한 모험가' 다.

교수가 충성하는 주된 대상은 미생물학과 재정학, 법학 등 전공 분야다. 그래서 그들은 외부에 내세우는 대학이 아니라 전공이 같은 전 세계 동료 교수들의 공동체에 주로 참여한다. 연구자원을 제시하는 특정 대학에 일정 기간 몸을 담기는 하지만 실험과 보조금, 출판 계약, 심지어 연금을 포함한 나머지 부분에서는 철저히 자율에 의해 움직인다.

단적으로 노벨상을 의미하는 그들의 성공은 '고용주(대학)' 가 아니라 전 세계에 흩어진 동료 집단과의 협력에 달려 있다."

_톰 피터스, <인재>, 36쪽

이들처럼 브랜드유의 핵심은 직장을 때려치우라는 것이 아니다. 직장에 있으면서 자기 자신을 자신만의 독특하고 차별화된 '나' 주식회사의 CEO로 재창조해야 한다는 것이다. 화이트 칼라가 멸망해 가는 이 세상에서 살아남으려면 자신의 나 주식회사의 CEO로 재창조하는 길밖에 없다. 그리고 그것은 남과 다른 독특함과 차별화가 있는 자신만의 무엇을 재창조하는 길이기도 하다.

웬만한 것은 다 나와서 이제는 더 이상 베낄 것이 없는 시대, 그리고 아무리 베껴도 아무도 주목해 주지 않는 시대, 과거의 성공비결이 아무리 효과적인 것일지라도 이제는 그것이 더 이상 성공비결이 아니라 오히려 망하는 비결이 되어 버리는 이 시대에 우리가 선택해야 하는 것은 튀는 것이다. 그것도 최초로 튀어야 한다. 그것이 바로 오리진origin이 되는 것이다.

운명을 바꾸는 창조의 기술에 대한 책인 [오리진이 되라]에 보면 이런 대목이 나온다.

"나는 세상에는 두 종류의 사람이 있다고 생각한다.

바로 '오리진'과 그 나머지 사람.

스스로 처음인 자, 게임의 룰을 만드는 자, 새 판을 짜는 자, 원조(기원)가 되는 자, 그리하여 세상을 지배하고 자신의 운명을 스스로 창조하는 자, 그가 바로 오리진이다.

'나머지'는 오리진들이 이미 만들어놓은 게임의 규칙 안에서 서로 피터지게 싸우는 이들이다.

하지만 이제 게임의 규칙이 완전히 바뀌었다.

오리진인 사람(기업)과 그렇지 않은 사람은 단순히 경제적인 면에서만 보아도 수천 배 이상의 차이가 난다. 이미 그렇게 되어가고 있다.

단적인 예가 애플Apple의 아이폰이다. 스티브 잡스Steve Jobs를 떠 올려보라. 그들이 바로 오리진 사람이고, 오리진 제품이고, 오리진 기업이다. 그들은 제품 하나로 세상의 규칙을 바꾸고, 시장의 판을 새로 짜버렸다."

_강신장, <오리진이 되라>, 12~13쪽

우리의 고정관념은 창조라는 것을 너무 거창하게 생각한다. 하지만 창조의 본질은 남과 다른 것, 즉 튀는 것이다. 무엇을 해도 튀면 그것이 바로 오리진이 되는 첫 걸음을 내디딘 것이다. 그렇게 할 수 있는 사람들의 공통점은 자신이 하는 일에 즐겁게 미칠 수 있는 사람들이다. 즐겁게 미칠 때 남과 다른 방식과 남과 다른 사고와 남과 다른 행동을 할 수 있게 되고, 그러한 것들이 축적이 되어 결국 오리진이 되고, 시초가 되는 것이다.

– 리마커블하지 않으면 미래도 없다.

마케팅의 구루인 세스 고딘Seth Godindms은 자신의 명저 [보랏빛 소가 온다Purple Cow]에서 '안전한 것이야말로 위험한 것이다.' 라는 사실을 강조하며 다음과 같은 말을 했다.

"몇 년 전 가족과 함께 자동차로 프랑스를 여행할 때의 일이다. 우리는 동화에나 나옴직한, 소떼 수백 마리가 고속도로 바로 옆 그림 같은 초원에서 풀을 뜯고 있는 모습에 매혹되었다. 수십 킬로미터를 지나도록, 우리 모두는 창 밖에 시선을 빼앗긴 채 감탄해 마지않았다.

"아, 정말 아름답다!"

그런데 채 20분도 지나지 않아, 우리는 그 소들을 외면하기 시작했다. 새로 나타난 소들은 아까 본 소들과 다를 바가 없었고, 한때 경이롭게 보이던 것들이 이제는 평범해 보였다. 아니 평범함 그 이하였다. 한마디로 지루하기 짝이 없었다. 소떼는 한 동안 바라보고 있노라면, 이내 지루해진다. 그 소들이 완벽한 놈, 매력적인 놈, 또는 대단히 성질 좋은 놈일지라도, 그리고 아름다운 태양빛 아래 있다 할지라도, 그래도 지루하기는 마찬가지다.

그렇지만 만일 '보랏빛 소' 라면 .... 자, 이제는 흥미가 당기겠지?

퍼플 카우Purple Cow의 핵심은 '리마커블 remarkable' 해야 한다는 것이다."

_세스 고딘, <보랏빛 소가 온다>, 16~17쪽

그는 상품이나 서비스 자체가 보랏빛 소와 같이 리마커블하지 않으면 눈길을 끌 수 없고, 화제가 되지 않고, 흥밋거리도 될 수 없다고 말한다. 이제는 주목할 만한 가치가 있고, 예외적이고, 새롭고, 흥미진진한 것이 되어야 팔리는 시대이다.

"자기의 포지션을 8단어 내로 설명할 수 없다면 포지션이 없는 것이다."

그는 이런 말도 했다. 그런데 자신의 포지션을 8단어 이내로 설명할 수 있다는 것은 결국 리마커블하다는 것과 다르지 않다. 그러므로 우리가 정말 리마커블한지를 평가하기 위해서는 자신을 8단어 이내로 설명할 수 있는지를 살펴보면 된다.

당신은 리마커블한가? 당신은 당신을 8단어 이내로 표현할 수 있는가?

리마커블한 것이 가장 중요한 전략인 또 다른 이유에 대해 우리는 블루오션 전략을 통해 이해할 수 있다. 프랑스 인시아드INSEAD 경영대학원의 김위찬 교수와 르네 마보안 교수가 공동 저술한 [블루오션 전략BLUE OCEAN STRATEGY]이란 책은 치열한 기존 경쟁시장인 레드오션RED OCEAN에서 가치혁신을 통해 새로운 창조적인 시장인 블루오션BLUE OCEAN으로 나아갈 수 있는 전략과 방법을 제시하고 있다.

수많은 기업들이 아무리 노력을 해도 경쟁에서 물고 뜯

기는 피비린내 나는 경쟁의 굴레를 벗어나지 못 하는 이유는 수많은 기업들이 노력하는 방향과 목적이 선진 기업들의 벤치마킹에 불과하기 때문이다. 선진 기업들과 달라지려고 노력하지 않고, 똑같아지려고 피 튀기게 경쟁에 뛰어든다는 것이다. 이와 반대로 블루오션 창조자들은 경쟁기업을 벤치마킹하지 않고, 대신에 새로운 가치를 창출할 수 있는 차별화에 중점을 둔다. 그 결과 피 튀기는 경쟁이 아닌 예술가와 같은 창조의 기쁨을 누릴 수 있게 되는 것이다.

시르크 뒤 솔레이유의 사례를 통해 리마커블한 것이 미래의 성공과 번영을 가져다준다는 것을 설명하고 있다. 시르크 뒤 솔레이유가 설립되었을 때, 다른 서커스단들은 서로를 벤치마킹하고 전통적 서커스 공연을 기획하고 상대방과 비슷해지려고 노력하고 있었다. 하지만 시르크 뒤 솔레이유는 경쟁자들에게 집중하지 않았다. 시르크 뒤 솔레이유는 다른 서커스단과 다르게 리마커블했다. 전통적인 서커스와 전통 연극을 접목시켜 서커스의 재미와 스릴을 살리면서 연극의 지적 세련미와 풍부한 예술성이 담긴 무대를 만들었다.

지금까지 존재했던 그 어떤 서커스단과도 같지 않은 리

마커블한 새로운 개념의 서커스단이 탄생하게 되었던 것이다. 너무나 리마커블하기 때문에 서커스인지? 연극인지? 를 간단하게 정의할 수 없는 이 서커스단은 대 성공을 하게 되었던 것이다.

이처럼 리마커블한 것은 최고의 경쟁력이며 성공의 비결이다. 리마커블하지 않으면 그 어떤 블루오션도 창출해 내지 못 한다. 그 어떤 혁신도 이끌어 내지 못 한다. 리마커블은 그 모든 단어를 아우르는 마법과 같은 용어이다.

– 사소한 것부터 차별화하라

'사소함이 만드는 위대한 성공 법칙' 에 대한 책인 톰 피터스의 [리틀 빅 씽The Little BIG Things]에는 사소해 보이지만 성공을 위해 중요한 163개의 법칙들이 소개되어 나온다. 톰 피터스는 작은 결론의 합집합이 거대한 힘의 결정체가 된다고 말하면서 작은 것부터 실천하고 차별화하라고 말한다.

“세일즈맨이라면 가장 먼저 해야 할 것이 무엇일까? 세계적인 세일즈의 대가로 알려진 제프리 지토머Geffrey Gitomer는 이렇게 말했다.

“경쟁자를 제치고 최고의 세일즈맨이 되려면 전화 음성 메시지부터 차별화하라.”

남들이 지나치기 쉬운 전화 음성 메시지가 비즈니스에 큰 차이를 만들어줄 수 있다는 분석에서 비롯된 말이다.”

_톰 피터스의, [리틀 빅 씽], 30쪽

그의 말대로 남들이 신경 쓰지 않고, 경영자들의 눈에 뛰지 않는 사소하고 중요해 보이지 않는 것들을 남들과 차별화함으로서 우리는 생각도 못한 큰 성공과 이익을 얻을 수 있다. 그러한 사실을 보여 주는 예들을 살펴보자.

“미국의 대형 슈퍼마켓인 월마트는 쇼핑 카트의 크기를 대형으로 바꾸었다. 그러자 전자레인지와 같은 대형 상품의 매출이 50% 이상 급등했다.

회사의 회의 테이블을 사각형에서 원형으로 바꾸어보라. 대화에 참여하는 사람들의 수가 놀랍게 늘어나게 될 것이다.

환자들이 창문을 통해 녹색의 대자연을 느낄 수 있도록 해보라. 수술 후 병원에 남아 있는 체류 기간이 20% 가량 급감하게 된다.

학교 기숙사 곳곳에 손 세정제를 놓아보라. 놀라운 효과가 생긴다. 아픈 학생이나 결석생의 수가 20% 가량 감소하게 된다. 콜로라도 볼더대학에서 실제 일어난 일이다."

_톰 피터스의, [리틀 빅 씽], 35~36쪽

어떤 학교에서 1학년 학생들의 성적이 좋지 못 해서 특단의 조치를 취해 주었다고 한다. 그렇게 했더니 공부 못하던 1학년 학생들의 성적이 3학년 수준으로 도약을 했다는 것이다. 그런데 더 놀라운 것은 특단의 조치란 것이 바로 사소한 호칭을 차별화 해 준 것이라는 사실이다.

그저 선생님들이 1학년 학생들을 부를 때, 이름 대신 '학자' 라고 불러 주었다는 것이다. 호칭만 차별화했는데 학생들의 태도와 생각과 행동과 성적이 모두 바뀌었다는 것이다.

또 어떤 운송업체에서는 운전기사들의 무책임한 운전습관으로 사고발생률이 매우 높았고, 배송사고도 많이 일어나서 손해배상 비용이 많이 나와서 골치였다. 그래서 다양한 방법으로 조치를 취했지만 별로 나아지지 않았다. 마지막으로 선택한 방법을 취했을 때, 배송사고 발생률이 50% 이상 줄어들었다고 한다. 그런데 재미있는 사실은 마지막으로 선택했던 방법은 매우 사소한 것이었다.

그것은 운전기사들을 부를 때, '마스터' 라고 차별화하여 부르는 것이었다. 운전기사들은 지금까지 그저 자부심과 긍지를 느끼지 못했던 '기사' 로 불려지다가, 갑자기 '마스터' 라는 차별화된 호칭으로 불리면서, 자신도 몰랐던 책임의식과 준법정신, 의무감 등이 솟아나는 것을 느꼈고, 그러한 생각과 느낌은 행동을 바꾸어 놓았고, 결과적으로 책임감 있는 운전습관을 형성하게 되었다는 것이다.

1973년 단 네 명의 사람들이 모여서 세 평짜리 밖에 안되는 시골의 창고에서 시작했지만, 지금은 계열사만 140

개가 넘고 직원의 수가 13만 명에 육박하고 매출액이 8조원에 이르는 막강한 기업으로 성장한 회사가 있다. 바로 일본전산이다. 그들이 그렇게 성공하게 된 이유는 무엇일까?

그 비결은 바로 사소한 것부터 차별화하는 그들만의 독특함일 것이다. 그 회사가 얼마나 괴상할 정도로 독특한 회사인지 잘 알려 주는 것이 바로 그들만의 독특한 입사시험이다. 그들의 입사시험은 기상천외한 것이다.

'밥 빨리 먹기', '큰 소리로 말하기', '화장실 청소하기' 등과 같은 얼토당토않은 입사시험을 치는 곳이 바로 이 회사이다. 이 회사는 10년 동안의 불황을 뛰어넘어 불황과 같은 위기에 더욱 더 강한 기업이 되어, 불황기 때 겨우 적자를 면한 기업이 아니라 10배나 성장을 거두는 놀라운 기업이다. 불황 때문에 적자에 허덕이던 경쟁업체 30여 개를 인수합병하여 1년 이내에 모두 흑자로 재건시킨 놀라운 기업이다.

이렇게 강한 기업으로 일본전산이 우뚝 설 수 있었던 이유는 나가모리 시게노부 사장의 남다른 경영방침이 있었기 때문이다. 그는 불황을 이기고 돈버는 기업의 전략 안배로 능력이나 학력, 노력보다 스피드를 더 중요시 여졌다.

“평상시에 직원들에게 일하라고 호통치지 않고, 직원들을 혹독하게 훈련시키고 공부시켜 경쟁력을 갖추게 해주지 않고, 회사 사정이 어려워지면 은근슬쩍 ‘정리해고’ 카드나 내미는, 그런 경영자는 경영자 자격이 없다.

어려울 때일수록 ‘사람’을 움직여야 한다. 여유가 있을 때는 여유 자금을 융통시켜 살아갈 수 있고, 기회도 많으니 적당히 하면서도 살 수 있다. 하지만 불황에는 그럴 여유가 없다. 사람 놓고 돈 먹기다. 인재는 어려울 때 더욱 힘을 발휘한다. 누가 우리 사람인지도, 어려울 때 비로소 알게 된다. 어렵다고 모두 다 함께 죽을 수는 없는 노릇이다. 누군가는 사람을 움직이고, 그 사람들은 또 자신을 움직여서 회사를 살려야 한다. 스피드가 5할이다. 중노동이라 할 만큼의 노력이 3할이다. 능력은 1할 5푼, 학력은 고작 3푼, 회사 지명도라야 2푼 값어치일 뿐이다. 이것이 불황을 이기고 돈 버는 기업의 전략 안배다.”

_김성호, [일본전산 이야기], 6~7쪽

나가모리 사장은 다른 경영자들과 남다르다. 그리고 그것이 바로 그의 성공요인이다. 그의 남다름은 그가 직업학교 졸업이 그의 학력의 전부라는 사실과 무관하지 않다. 또한 그는 버크셔 해서웨이의 워렌 버핏, 애플의 스티브 잡스와 이름을 나란히 한 월 스트리트 저널이 선정한 '가장 존경받는 CEO 30인'에 뽑힌 인물이기도 하다.

그가 이렇게 큰 성공을 거둘 수 있었던 것은 '나가모리 류流'라고 칭해질 만큼, 독창적이고 독보적인 차별화된 경영 노하우를 가지고 있었기 때문이다. 남들처럼 해서 남들만큼 할 수 없으며 남들을 이길 수도 없다. 남들과 다르게 할 때 남들보다 더 잘 할 수 있는 가능성이 매우 높다는 사실을 그는 보여 주었던 것이다. 삼류라고 불리는 평범하다 못해 뒤떨어지는 인력들을 데리고, 단기간 내에 엄청난 규모와 기술력의 회사를 만들어낸 나가모리 사장에게는 다른 경영자와 달라야만 한다는 마인드가 있었던 것이다.

남과 달라지기 위해서는 거창한 것, 큰 것이 필요한 것은 아니다. 작고 사소한 것에서부터 차별화하면 된다. 그것이 남과 달라지는 첫 단계이다.

– 당신만의 유일한 특성이 최고의 경쟁력이다

"춘추시대 월나라에는 서시西施라는 절세미인이 살았다. 서시는 오나라와의 전쟁에서 패한 월나라의 왕 구천이 오나라의 왕 부차에게 방심하도록 하기 위해 바친 여인이었다. 서시가 가슴앓이 때문에 고향으로 돌아왔다. 그런데 그녀는 길을 걸을 때 가슴의 통증 때문에 늘 눈살을 찌푸리고 다녔다. 그래도 그녀는 워낙 절세미인이기 때문에, 길거리에 있는 모든 사람들은 넋을 잃고 그녀를 바라 볼 뿐이었다. 이러한 광경을 본 그 마을의 한 못생긴 여자가 자기도 서시처럼 눈살을 찌푸리고 다니면 예쁘게 보일 것이라는 착각을 하게 되었다. 그래서 흉내를 내고 다녔다. 그러자 마을 사람들은 질겁하고 피해 다니는 상황이 발생하게 되었던 것이다."

이 이야기는 장자莊子의 천운天運편에 나오는 서시빈목西施矉目이라는 이야기이다. 이 이야기가 우리에게 알려 주는 교훈은 절대로 다른 사람을 흉내내거나 다른 사람이 되지 말고, 자기 자신이 되라는 것이다. 그것이 가장 좋은 길이기 때문이다.

우리가 태어나서 살면서 반드시 해야 하는 일이지만 많은 사람들이 그렇게 하지 못 하는 것이 있다. 그것은 바로 자기 자신을 찾는 일이다. 자기 자신을 찾는다는 것은 어떤 것일까? 필자는 그것을 자기 자신만이 가지고 있는 유일한 그 무엇인가를 찾아내고 더욱 더 그것을 강화시켜 나가는 것이라고 생각한다. 그렇게 함으로써 자신의 차별화된 존재 이유를 더욱 더 부각시킬 수 있고, 자신만의 길을 통해 인류 발전에 더욱 더 공헌할 수 있게 된다.

우리가 살면서 남들과 똑같이, 남들이 갔던 길을 그대로 따라간다면 우리의 존재 이유는 희석되고 말 것이다. 그리고 남들조차 그러한 삶을 산다면 이 세상은 더 이상 발전하지 못할 것이다. 무엇보다 단조롭고 재미없는 세상이 되고 말 것이다. 더욱 더 안타까운 것은 아무도 당신에게 관심을 가지지 않으며, 당신의 존재감을 느끼지 못한다는 것이다.

이러한 사실에 대해 [50번째 법칙]의 공저자이기도 한

피프티 센티Fifty Cent는 이렇게 말했다.

“사람들이 가장 두려워하는 것은 진정한 자기 자신을 찾는 일이다. 사람들은 자신이 아닌 다른 누군가가 되고 싶어 한다. 심지어 자신의 처지나 정체성과 맞지 않더라도 다른 사람들이 하는 대로 따라 한다. 그러나 그런 방식으로는 아무것도 이룰 수 없다. 당신의 에너지가 약하면 어느 누구도 당신에게 관심을 기울이지 않는다. 에너지가 약하다는 것은 당신이 스스로 지닌 유일한 특성으로부터 벗어나려 하고 있다는 뜻이다. 그 특성이 바로 당신을 다른 사람들과 차별화하는 핵심 요소인데 말이다. 나는 그 두려움에서 벗어났다. 그리고 다른 사람들과 똑같이 되는 일에 관심이 없다는 사실을 세상에 보여 줌으로써 내게 있는 힘을 실감하고 나자 결코 과거의 모습으로 되돌아 갈 수 없었다.”
_피프티 센티, [50번째 법칙], 37쪽

그의 말대로 우리의 힘과 에너지의 원천은 남다름이며, 자신의 길을 찾고, 자기 자신을 차는 것이다. 우리의 힘과 에너지를 발휘하고 키우는 유일한 길은 우리 스스로

가 지닌 유일한 특성을 발견하고 그것을 더욱 더 강화시켜 나가는 것이다.

우리가 우리 자신에게 이미 존재하는 힘을 실감하지 못한 채 남과 다르지 않게 살아가는 것은 우리 내면에 있는 두려움 때문이라고 할 수 있다. 두려움은 우리 스스로를 제한된 행동 범위로 한정짓는 일종의 감옥이다. 그래서 우리는 남과 다르게 행동하거나 튀는 성격을 가지고 있다는 사실에 두려움을 느낀다. 남과 다른 행동은 결국 누군가로부터 제지를 받게 된다는 생각을 하기 때문이다. 특히 한국 사회에서는 그렇다.

우리나라 속담에는 '모난 돌이 정 맞는다.' 라는 매우 유익하지 못 한 속담이 있다. 이 속담과 함께 중고등학교 때 우리는 모두 똑같은 교복을 입고, 똑같은 운동복을 입고, 똑같은 과목을 공부하며 똑같은 사회인으로 직장인으로 길러졌다. 하지만 핀란드의 경우에는 이와 다르다. 자신의 능력에 따라 공부할 과목을 스스로 정한다. 자기주도 학습능력이 저절로 길러지게 된다. 그 결과 그것은 자신의 인생을 주도적으로 계획하고, 책임감 있는 삶을 살아가는 능력으로 확장된다. 한국의 학생들은 머리가 좋지만 모든 것이 정해져 있는 학교에 들어가서 정해준 과목을 공부하고 정해진 규격화된 시험을 치러야 한다.

이 모든 사회적 구조와 교육 시스템이 자신만의 독특한 특성을 억압하게 하는 것과 다를 바 없다. 이런 사회에서 스티브 잡스나 빌 게이츠, 마크 주커버그, 에디슨, 레리 페이지, 세르게이 브린 등의 인물들이 태어났다면 과연 어떻게 되었을까?

자신의 독특한 특성을 억압하고 사장시켜 버리는 것은 자신의 미래와 눈부신 인생을 사장시켜 버리는 것과 같다.

우리가 직면하게 되는 가장 큰 위험은 범죄자들이나 불치병이 아니라 스스로 약해지고 포기하려는 마음이다. 또한 안정이라는 함정에 사로잡힌 채 살아가는 것이 가장 좋은 길이라고 생각하며 조용한 좌절을 선택하는 나약한 마음이다. 그리고 그러한 마음 중에서도 가장 최악의 마음은 스스로 자신의 차별화된 능력이나 독특한 특성이 무가치하다고 여기는 마음이다.

이러한 마음이 큰 사람일수록 그 어떤 힘과 에너지도 발휘해 낼 수 없다. 남들과 똑같아지려는 마음과 남들과 경쟁해서 이기려고 하는 마음, 그리고 남들과 비교하려는 마음이 강한 사람일수록 행복하지도 않으며 그 어떤 힘도 발휘해 낼 수 없다.

진정한 영향력은 남과 다른 사람에게만 존재한다. 그러므로 우리는 남들과 다른 유일한 특성이 우리의 최강의 에너지이고 힘이고 최고의 경쟁력임을 스스로 깨달아야 한다.

– 무엇을 하든 세상이 놀라게 하라

인류에게 스마트 폰 혁명을 가져다 준 것은 기술력과 자본력으로 세계 휴대폰 판매 1위를 오랫동안 지켜온 작은 나라 핀란드의 기업 노키아가 아니라, 오히려 기술력이나 경험에서 상대도 되지 않았던 컴퓨터 업체 애플의 스티브 잡스이었다.

그가 그렇게 세상을 놀라게 할 수 있었던 단 한 가지 이유를 들라고 한다면 필자는 이렇게 말하고 싶다.

"우주를 놀래게 하고자 항상 갈망했기 때문이다."

세계 최고의 휴대폰 기술력과 자본력과 판매력을 가지고 있었던 비범한 기업 노키아도 세상을 놀라게 하지는 못했다. 그 이유는 세상을 놀래게 하고자 하는 그 어떤 갈망도 없었기 때문이다. 노키아는 그저 휴대폰 업계에서 세계1위가 그들의 목표였고, 그것을 위해 그들은 모든 것을 걸었다. 하지만 스티브 잡스의 목표는 업계 1위가 아니라, 우주를 놀라게 하는 것이었다.

바로 그 차이가 그들로 하여금 세상을 놀라게 할 만큼 위대한 혁신가가 되느냐, 그저 돈만 많이 버는 업계 1위 기업이 되느냐를 갈라 놓았던 것이다.

필자는 독자들에게 묻고 싶다.

"세계 최고가 되기 위해 연습하는 가수와 그저 음반을 팔아먹고, 부자가 되기 위해 연습하는 가수의 10년 후 모습은 어떻게 될 것 같은가?"

굳이 가수가 아니라도, 작가라도, 연예인이라도, 학자라도, 연구원이라도, 기업가라도, 경영자라도 별반 다를 것이 없을 것이다. 축수 선수든, 야구 선수든 세계 최고가 되기 위해 노력하는 선수와 자신의 위치에서 퇴출당하지 않고 살아남기 위해 노력하는 선수 중에 누가 더 위대한 선수가 될 공산이 클 것 같은가?

필자는 이 두 부류의 사람들은 눈빛과 자세, 연습에 몰두하는 그 정도가 하늘과 땅차이로 심하게 날 것이라고 생각한다. 그리고 무엇보다도 세계 최고가 반드시 되고자 하는 갈망이 있는 자와 없는 자의 차이는 무한대라고 생각한다. 왜냐하면 전자는 세계 최고가 될 확률이 매우 적다해도 있지만, 후자는 세계 최고가 될 확률이 거의 제로이다.

확률이 적지만 조금이라도 있는 것과 완전히 제로인 것은 99%와 100%가 비록 1%의 차이이지만 하늘과 땅 차이, 액체와 기체의 차이라는 것을 우리는 알고 있다.

미국의 흑인 인권 운동가 마틴 루터 킹 목사는 우리가 무엇을 하느냐가 중요한 것이 아니라 어떤 마음가짐을 가지고 하느냐가 더 중요하다는 사실을 다음과 같은 예를 들어 설명했다.

"어떤 사람에게 청소부라는 이름이 주어진다면 그는 미켈란젤로가 그림을 그렸던 것처럼, 셰익스피어가 글을 썼던 것처럼, 베토벤이 곡을 만들었던 것처럼 그렇게 거리를 쓸어야 합니다. 그 청소부가 그 거리를 너무나 열심히, 그리고 잘 쓸어서 하늘과 땅을 지나는 모든 천사가 그 길에 모여서 이 거리에 그토록 훌륭하게 자기 일을 하던 청소부가 살았다고 칭찬할 정도가 되어야 합니다."
_마틴 루터 킹 목사

그렇다. 그의 말은 전적으로 옳은 말이다. 우리가 무엇을 하든 세상을 깜짝 놀라게 할 만큼 위대하고 리마커블한 일을 하는 것이 중요하다. 하지만 독자들 중에는 아예 처음부터 무엇을 하든 세상을 놀라게 할 수 있는 그런 비범한 사람들과 자신은 다르다고 선을 긋고, 그렇게 할 수 있는 능력이 없는 데 어떻게 하라고 하느냐고 반문할 수도 있다. 하지만 당신이 누구든 간에 세상을 놀라게 할 만큼 위대한 일을 해 낼 수 있는 능력을 이미 가지고 있다는 놀라운 사실을 인정해야 한다.

세상을 놀라게 할 만큼 위대한 일을 해 낼 수 있는 수많은 사람들이 그러한 일을 하지 못 하고 평범하게 살아가는 가장 큰 이유는 우리 내부의 고정관념이다. 우리가 천재가 아니라고, 비범한 인물이 아니라고 생각하게 만드는 고정관념 말이다.

행동의 방향을 바꾸는 강력한 심리 처방에 대한 책 [스토리story]에 보면, 고정관념이 얼마나 우리에게 악영향을 미치는 지에 대해서 오클라호마 대학교의 연구팀이 실시한 연구가 소개되어 나온다.

백인과 흑인 대학생들을 대상으로 하여 똑같은 내용의 검사를 실시했다. 연속된 도형들을 보고 순서상 어느 도형이 다음에 오는지를 추측하는 형태의 검사이다. 그런데 백인그룹과 흑인그룹을 각각 세 그룹으로 나누어 동일한 시험을 치게 하면서, 시험 치기 전에 지시문만 바꾸어 표현했다.

첫 번째 시험 그룹에게는 지시문에 '시험' 이라는 단어를 사용하고, '관찰력과 명확한 사고력을 측정' 한다는 표현을 사용하였다. 이것을 표준 지시문이라고 실험 담당자들은 명명했다. 두 번째 시험 그룹에게는 '개인의 지능과 능력을 측정하기 위한 IQ테스트' 라고 못박았다. 세 번째 시험 그룹에게는 '단순한 퍼즐' 이라고 말하면서, 지능이나 시험과 같은 단어는 절대 쓰지 않았다.

세 개의 시험 그룹 모두 공정성을 위해서 무작위로 배정하였다. 그리고 세 개의 시험 그룹의 흑인과 백인 모두 똑같은 검사를 시행했다는 점을 명심해야 한다.

결과는 어떻게 나왔을까?

그 결과를 보기 전에 미국 사회에는 뿌리 깊은 고정관념이 하나 있다. 흑인들은 백인들보다 머리가 나쁘다는 고정관념이다. 이러한 고정관념은 미국에서 살고 있는 모든 백인과 흑인들의 머릿속에 단단하게 뿌리 내리고 있는 대표적인 고정관념이다.

시험 결과는 한마디로 고정관념의 압승이었다. 똑같이 무작위로 선발한 흑인그룹과 백인그룹이 똑같은 시험 내용을 가지고 시험을 쳤다 해도 그들의 마음속에 어렸을 때부터 뿌리 깊게 박혀 있는 '흑인은 백인들보다 머리가 나쁘다' 라는 고정관념은 흑인들에게 그 어떤 시험이나 특히 머리가 나쁜 것을 가장 잘 드러내 주는 IQ테스트에 가장 민감하게 부정적으로 반응하게 해준다. 그 결과 IQ테스트라고 했을 때는 흑인 그룹들이 월등하게 백인들보다 시험을 못 치르게 된다. 그들이 실제로 머리가 나쁜

기 때문에 시험 결과가 월등하게 나쁘게 나온 것이 아님을 우리는 단순히 퍼즐이라고 했을 경우 무작위로 선정한 백인그룹들보다 흑인그룹들이 오히려 더 잘 해낸다는 사실을 통해 알 수 있다.

이처럼 고정관념은 우리를 지배하고 억압하고 제한해 버린다. 그렇기 때문에 당신이 세상을 놀라게 하기 위해서는 가장 먼저 해야 할 일은 당신을 사로잡고 있는 고정관념을 타파하는 것이다. 고정관념을 타파할 때 당신의 남다름과 차별화는 더욱 더 가속을 얻게 된다.

고정관념은 결국 우리가 세상을 놀라게 할 수 있는 천재가 아니라고 이 세상으로부터 세뇌를 당한 결과물에 불과하다. 이러한 사실을 가장 잘 알고 있는 사람은 경영 서적들을 집필한 세계적인 베스트셀러 작가이자 세계에서 가장 영향력있는 경영 구루Guru 중 한 명인 세스 고딘이다. 그는 자신의 베스트셀러 책 중의 하나인 [린치핀 Linchpin]을 통해 탁월한 성과와 성공이 어디에서 오는지? 그리고 우리의 평범함은 어디에서 오는가? 에 대해 그 어떤 책보다 가장 정확하게 설명을 해 놓았다.

“우리가 평범함에서 벗어나지 못 하는 이유로 다음 두 가지를 들 수 있다.

1. 학교와 시스템에 의해 세뇌당했다. 직장일이 곧 내 일이고, 규칙을 지키는 것이 내 일이라고 믿게 되었다. 하지만 그런 시스템은 더 이상 작동하지 않는다.

2. 모든 사람들의 마음속에는 겁에 질린 화난 목소리가 끊임없이 소리친다. 도마뱀뇌가 저항하는 목소리다. 평범해지라고 그래서 안전을 지키라고 말한다.”

_세스 고딘, [린치핀], 11쪽

우리 모두는 거대한 기계의 톱니바퀴와 같은 수도 없이 많은 평범한 사람들이 되기 위해 태어나지는 않았다. 하지만 우리는 모두 언제든지 바꿀 수 있고 대체될 수 있는 흔하고 흔한 톱니바퀴가 되도록 세뇌당하고 훈련받았던 것이다. 그 결과 평범한 삶에 만족하며 하루하루 살아가게 된 것이다.

평범한 삶에 만족하는 사람들이 차고 넘치기 때문에 우리 주변에는 고지식한 관료들과 주말만 기다리는 노동자들과 주어진 길만 가는 사람들과 해고를 두려워하는 직장인들로 가득하다고 한다. 그리고 더 큰 문제는 평범한 삶에 만족하는 사람들은 모두 무시와 낮은 보상, 해고, 스트레스와 같은 고통 속에서 살아가야 한다는 것이다.

이러한 사실을 깨달았다면 당신이 평범하다고 하는 고정관념을 타파하는 데 목숨을 걸어야 한다. 그리고 평범함 속에서 빠져 나와 여유와 높은 보상이 있고, 해고의 위험이 없고, 스트레스가 상상도 못 할 정도로 적은 비범한 삶을 살아가는 길을 가야 한다. 그리고 그러한 길이 동시에 세상을 놀라게 하는 길임을 또한 알게 될 것이다.

– 삼성을 300배 성장시킨 '그'의 비결은 '남다름'이었다.

우리는 보통 재벌 2세들을 부모를 잘 만나서 그저 호강하는 사람, 그저 부모가 힘들게 만들어 놓은 큰 회사를 그저 얻어 낸 행운아로만 생각할 수 있다. 사실 뭐 이것이 그렇게 틀린 말도 아니다. 대부분의 재벌 2세들을 보면 그렇다고 할 수 있다. 하지만 몇몇 재벌 2세들은 그 누구보다 치열하게 공부하고, 자신을 성장시켜 기존의 자신의 아버지 세대보다 훨씬 더 크게 물려받은 기업을 성장시켜 놓는 훌륭한 재벌 2세들도 적지 않다는 것을 필자는 알고 있다.

그러한 훌륭한 재벌 2세들을 대표하는 인물이 바로 삼성의 '그' 이다. 그런데 그는 어떻게 해서 삼성을 물려받았을 1987년 때보다 십몇 년 사이에 삼성을 300배나 성장시켰다. 그런데 그가 과연 그렇게 할 수 있었던 비결은 무엇이었을까?

필자는 그것을 그의 '남다름' 때문이라고 생각한다. 그는 달라도 남과 전혀 달랐다.

그는 첫 번째 남다름은 그는 눈앞의 업무에 매달리지 않는 무위의 경영자라는 것이다. 그의 경영 스타일은 삼성 본관에 잘 출근을 하지 않는다. 여러 가지 과학기술 잡지와 영화나 드라마를 통해 상상력을 마음껏 키운다. 그리고 장기적인 5년 후, 10년 후를 내다보며 삼성이 나아가야 할 방향을 확실하게 잡아 준다. 이것이 그의 경영 스타일이다.

한 삼성 고위관계자는 그의 선친인 이병철 회장과 그를 다음과 같이 비교하면서 설명한 적이 있다.

“이병철 회장은 현장을 꼼꼼하게 챙겼다. 대다수 사장들은 회장 질문에 대해 준비하느라 다른 일을 못할 정도였다. 중소기업이나 단순 대량생산 시대에 적합한 리더십이라고 한다면, 반면에 이건희 회장은 큰 줄기와 미래전략만 챙기는 미래형 리더십을 가진 리더이다.”

그리고 그는 남의 힘과 머리를 사용할 줄 아는 일류 리더이다.

이건희가 임원들에게 권하는 필독서 중 하나가 [한비자]이다. [한비자]에 나오는 말 중에서도 특히 좋아 하는 구절이 바로 이것이다.

“삼류 리더는 자기 능력을 사용하고 이류 리더는 남의 힘을 이용하고 일류 리더는 남의 지혜를 사용한다.”
_[한비자]

선친인 이병철 회장은 ‘의인불용 용인물의擬人不用用人勿擬(믿지 못하면 맡기지 말고 맡겼으면 믿어라)’라는 말을 많이 좋아했는데, 이 회장 또한 이 말을 적극

수용한다는 점에서는 부친과 닮았지만, 다른 측면에서는 완전히 달랐다. '일류 리더라면 남의 지혜를 사용할 줄 알아야 한다' 는 것을 그는 알고 있었다.

그리고 이건희의 남다른 경영 스타일 중에 눈에 띄는 것은 그가 사색의 경영자라는 점이다.

"호암이 철두철미한 성격의 완벽주의자였다면, 이건희 회장은 몰입과 창의적 기질을 겸비한 '크리에이터 creator형 경영자' 로 평가 받고 있다.

이건희 회장은 평소 사색을 많이 하는 성격이다. 한 가지 화두를 잡으면 해답을 얻을 때까지 시간에 구애받지 않고 집무실인 한남동 승지원에서 칩거하면서 생각을 거듭한다는 사실은 잘 알려져 있다.

이런 이유에서 이건희 회장은 '사색의 경영자' 또는 '철학적 경영자' 란 얘기를 듣곤 한다."

_ , [도전하는 이병철, 창조하는 이건희], 29쪽

[도전하는 이병철, 창조하는 이건희]에 나오는 대목이다. 다른 경영자들은 정적으로 사색하는 것보다는 현장 경영을 중시하여, 이리 뛰고 저리 뛴다. 하지만 이건희는

그렇게 하지 않고, 자리에 가만히 앉아서 철학자가 되고, 사색가가 되어, 상상의 나래를 펼친다. 과연 이러한 남다른 스타일을 통해서 삼류에 불과했던 삼성을 초일류 기업으로 성장시켰다는 것이 말이 되는 것일까? 너무 허황된 이야기가 아닌가? 하고 반문하는 독자들이 있을 수도 있다. 그런 독자들을 위해 친절하게 세계 최고의 경영 구루, 경영 구루 중의 구루라고 칭송받고 있는 톰 피터스가 우리에게 제시하는 리더십의 정수를 살펴보자. 그가 저서에서 밝힌 위대한 리더십에 대해 두 가지 특성을 소개한 적이 있는 데 그 두 가지 특성을 요약하여 설명하면 다음과 같다.

도브 프로만Dov Frohman이 로버트 하워드Robert Howard와 함께 쓴 [어려운 리더십, 왜 리더십은 배울 수 없는가? 그렇다면 어떻게 리더십을 배울 것인가 Leadership the Hard Way: Why Leadership Can' t Be Taught and How You Can Learn It Anyway]을 토대로 하여 진정한 리더십이 어떤 것인지를 제시한 적이 있다.

그가 제시하는 진정한 리더십의 첫 번째는 분주함을 피

하고 자기 자신에게 여유로운 시간을 주기 위해 하루 일과의 50%는 비워둘 필요가 있다는 것이다. 그래서 눈앞의 업무에 치이는 리더가 아니라, 먼 미래의 계획과 같은 정말 중요한 일에 집중할 수 있어야 한다는 것이다. 그렇게 말하면서 그는 도브 프로만의 말을 인용한다.

"대부분의 리더는 자기가 해야 할 계획에 대해 상당 시간을 투자하지만, 계획해서는 안 될 것에 대해서는 상대적으로 적게 생각한다."
_도브 프로만, 로버트 하워드, [어려운 리더십, 왜 리더십은 배울 수 없는가? 그렇다면 어떻게 리더십을 배울 것인가], 337쪽

즉, 자신의 시간을 가짐으로써 리더는 순간순간의 일과 싸우는 데 사로잡히지 않을 수 있고, 조직이 직면한 장기적인 위협과 리스크에 대해 생각할 수 있고, 제대로 대응해 나갈 수 있다는 것이다. 그렇기 때문에 도브 프로만은 리더들은 비생산적인 활동에도 상당 시간을 투자할 수 있는 대범함이 있어야 한다고 주장한다. 자유롭고 여유로운 시간이 없는 리더는 당장 눈앞의 이슈를 해결하는

데만 몰입하게 될 위험이 있다는 것이다.

그런데 그가 주장하는 두 번째 리더십은 매우 의외의 것이다. 그것은 '몽상 훈련' 을 하는 리더가 되어야 한다는 것이다. 그런데 이건희는 생각, 사색, 몽상을 하는 바로 그 몽상가 그 자체라는 것을 생각할 때, 이건희의 남다른 독특한 개성은 진정한 리더들이 가져야 할 특징을 놀랍게도 다 가지고 있다는 것이다. 필자도 이 대목을 읽으면서 너무나 이건희의 남다른 특징과 잘 맞아 떨어진다는 것을 발견하고 놀랐다.

그의 메시지는 신선한 충격과 감동, 그리고 필자의 의식을 완전히 깰 수 있는 강력한 메시지였다. 그가 한 말을 살펴보자.

"나의 비즈니스 경력에서 거의 모든 중요한 결정은 몽상의 결과물이었다. 처음에는 몽상을 하면 그저 여러 가지 엉뚱한 생각이 서로 엉켜서 혼란스러웠지만, 점차 이상하게도 그런 몽상은 복잡하고 풀기 어려운 일을 해결하는 실마리를 제시해 주었다."

_도브 프로만, 로버트 하워드, [어려운 리더십, 왜 리더십은 배울 수 없는가? 그렇다면 어떻게 리더십을 배울 것인

가], 338쪽

그의 말대로 그는 몽상을 통해 반도체 산업의 개척자가 되었다. 그는 읽기 전용 메모리EPROM을 인텔에서 개발한 주인공이다.

위대한 경영 구루인 톰 피터스와 그가 추천하는 책의 저자들의 주장을 토대로 해 보면 결론은 이건희의 남다른 사색과 경영 스타일은 정확히 진정한 리더가 되기 위해 반드시 필요한 리더십 형태라는 것이다. 이건희가 만약에 자신만의 독특한 스타일을 버리고 다른 경영자들처럼 현장에서 열심히 뛰고, 열심히 출퇴근하는 것을 지향했더라면 지금의 초일류 삼성은 존재하지 않았을 것이다.

진정 위대함은 남다름 속에 머물러 있다고 생각하기 때문이다.

삼류에 머물렀던 삼성이 초일류 삼성이 되고, 300배 성장을 이루고, 넘을 수 없을 만큼 거대해 보였던 소니를 넘어서고, 휴대폰 업계 1위인 노키아를 넘어 서서 1위 기업이 될 수 있었던 것은 그의 남다름이 있었기 때문이다.

그는 남들이 하지 않는 '7.4제'를 실시했고, 남들이 하지 않는 '신경영 선언(말로만 혁신을 떠들어 대는 수준을 넘어서 수천 시간을 변화와 혁신에 대해 강의와 열띤 토론을 한 전무후무한 경영 스타일)'을 했고, 남들 눈에는 미친 짓처럼 보였던 '휴대폰 화형식(500억 상당의 휴대폰을 임직원들 앞에서 불 태워 버렸던 일)'을 거행했던 것이다.

남다름은 한마디로 가장 강력한 힘이고 에너지이다.

- 남과 다르게 행동해야 승리한다

인생을 살다 보면 재미있는 일들이 많다. 그 중에 하나가 약점이라고 생각했던 것 때문에 오히려 큰 성공을 하게 되는 경우가 종종 있다는 것이다. 2차 세계대전 때 자신의 약점 때문에 에이스 중에 에이스가 되었던 사람이 있었다. 그리고 그가 그렇게 에이스 중에 에이스가 되어 전설적인 업적인 적기 352대를 격추시켰던 유일한 이유는 자신의 신체적 약점 때문에 남들과 똑같은 전술을 구사할 수 없었기 때문이다. 즉, '남과 다르게 행동할 수밖에 없었기 때문'에 그는 에이스 중에 에이스가 될 수 있었던 것이다.

그 사람의 이름은 에리히 하트만 소령이다. 그는 전쟁사에서 에이스 중에 에이스로 전설적인 조종사가 되었다. 전투기 조종사들 중에 적기를 다섯 대 이상 격추시킨 경험이 있는 조종사에게 에이스라는 영광스러운 호칭을 붙인다. 그런데 에리히 하트만은 다섯 대가 아닌 무려 352대라는 엄청난 적기를 격추시켰던 것이다. 그가 과연 그렇게 할 수 있었던 것은 무엇 때문이었을까?

2차 세계대전 중에 대부분의 조종사들이 배우게 되는 전술은 '도그 파이트dog fight'라는 전술이다. 그래서 모든 조종사들이 전투에 임하여 싸울 때는 이 전술대로 행동을 한다. 하나의 불변의 전투수칙과 같은 것이었다. 그런데 에리히 하트만은 조종사 생활을 시작했을 때, 치료 불가한 팔 부상을 당하게 되어, 이 전술을 배울 수 없는 신체적 조건을 가지게 되었다. 전형적인 공중전에서는 신체적 조건이 우수한 사람만이 승리할 수 있게 되어 있었다. 하지만 에리히 하트만은 신체적 조건이 그렇게 우수하지 못했을 뿐만 아니라, 팔 부상으로 인해 보편화된 전술을 배우지 못했다.

에리히 하트만은 자신만의 독특한 남과 다른 전술을 창안하고, 연습을 해야 했다. 그리고 그가 그렇게 할 수 있도록 도와준 그의 스승이기도 한 폴 로스만 상사와 함께 남과 다른 독특한 전술을 만들었고, 그것을 전투에 실제로 사용했다.

그런데 그 결과는 엄청난 것이었다. 1425회 출격을 했음에도 손가락 하나 안 다치고 살아남을 수 있었기 때문이었다. 만약에 에리히 하트만이 다른 사람과 똑같이 행동하는 전투 수칙인 '도그 파이트' 전술을 배울 수 있었다면, 그는 신체적 조건이 그렇게 우수하지 못했기 때문에 몇 번의 출격에서 살아남지 못했을 수도 있었을 것이다.

그로 하여금 승리하게 했고, 에이스 중에 에이스가 되게 했고, 2차 세계대전에서 살아남게 해준 것은 바로 '남과 다르게 행동하게 해준 남과 다른 전술' 때문이었다.

이순신 장군이 13척의 배 밖에 남지 않은 조선의 수군을 떠맡은 후에 막강한 전력의 일본 수군과 싸워서 23전 23승이라는 무패의 기록을 세울 수 있었던 비결은 무엇이었을까? 누군가는 1년 전부터 병사들을 훈련시키고, 군량미를 모으고, 배를 만들면서 철저한 준비를 했기 때문이라고 하고, 또 어떤 이는 지형을 이용한 철저한 전략과 전술을 구사했기 때문이라고 한다. 하지만 아무리 준비를 해도 1년 동안 준비할 수 있는 것과 훨씬 오래 전부터 준비한 대군하고는 전력상으로 비교가 되지 않는다.

이순신 장군이 23전 23승을 할 수 있었던 원인을 한 가지로 국한한다는 것은 잘못된 것이라고 생각한다. 하지만 가장 큰 요인은 남들과 다른 행동을 할 수 있게 만들어 준 남들과 다른 배인 거북선에 있다고 할 수 있다. 이순신 장군이 아무리 많은 준비와 치밀한 전략을 세운다 해도 실전에서 거북선이 아니었다면 조선의 수군은 23전 23승을 할 수 없었다.

그 당시 대부분의 배들과 달리 배에 뚜껑을 달아서 일대일 전투에 월등히 능한 왜적과 일대일 전투를 사전에 예방하였고, 배 옆으로 구멍을 내어서 배가 빨리 진격했다가 뒤로 후퇴할 수 있도록 많은 노를 부착하였던 것이다. 이처럼 그 당시 남과 다른 행동을 할 수 있게 만들어 준 남과 다른 배, 거북선이 가장 큰 승리 비결이었다고 할 수 있을 것이다.

결론은 남과 다르게 행동할 때 남이 예측하지 못 한 허를 찌를 수 있다는 것이다. 그리고 그것은 전투에서 승리와 패배를 가르는 요인이 되고도 남는다는 것이다.

전쟁에서 뿐만 아니라 승리가 목표인 분야가 있다. 바로 스포츠 분야이다. 이 분야에서도 남과 다르게하여 승리한 경우가 있다. 바로 '딕 포스베리Dick Fosbury'의 사례이다. 그는 1968년 멕시코올림픽 남자 높이뛰기 경기에서 금메달을 획득한 금메달리스트이다. 하지만 그의 학창시절을 보면 그가 높이뛰기 경기에서 금메달을 획득한 것은 매우 놀라운 일이 아닐 수 없다. 왜냐하면 그는 높이뛰기 경기에만 나가면 학교에서나 동네에서나 꼴찌는 늘 그의 몫이기 때문이었다.

그는 키도 작고, 힘도 좋지 못 하고, 스피드도 뛰어나지 못 한 선수였기에 올림픽에 출전하여 금메달을 딴다는 것은 기적과 같은 일이 아닐 수 없다. 그런데 그가 기적과 같은 일을 해낼 수 있었던 것은 '남들과 다르게 높이뛰기를 했기 때문' 이었다. 2011년 8월에 열린 대구 세계육상선수권대회를 참관하기 위해서 방문한 포스베리는 기자와의 인터뷰에서 다음과 같이 말했다.

"나는 높이뛰기 선수 중에서 지진아에 속했다. 경기에 나가면 학교뿐만 아니라 동네에서도 꼴찌는 늘 내 몫이었다. 비록 실력은 없었지만 지는 것은 죽기보다 더 싫었다. 뭔가 새로운 돌파구가 필요했다. 그래서 나온 것이 '포스베리 기법' 이다.

고교생이던 16세(1963년)에 처음으로 시도했다. 처음에는 다른 선수들처럼 '가위뛰기(두 다리를 가위처럼 벌리며 바를 넘는 것)를 선호했지만 어느 순간 실력이 늘지 않았다. 그래서 고민하고 부딪치는 등 수많은 시행착오 끝에 나 만의 방법이 만들어졌다."

_호스베리

운동신경이 좋은 편이 아니고 신체적 조건도 좋지 못했던 그는 챔피언은 고사하고 올림픽 출전조차 꿈도 꾸지 못했다. 하지만 그는 남들과 다르게 하는 방법을 연구했고, 결국에는 지금 대부분의 높이뛰기 선수들이 애용하고 있는 '배면뛰기' 방법을 만들어 내게 되었던 것이다.

키도 작고, 순발력도 부족하고, 운동 신경도 좋지 못한 그가 세계 챔피언이 될 수 있었던 것은 남과 다른 새로운 방법을 추구했기 때문이라고 할 수 있다. 그가 만약에 남과 동일한 방법인 정면 뛰기나 복면 뛰기 혹은 가위 뛰기를 그대로 했더라면 그는 항상 어떤 경기에 나가더라도 꼴찌를 도맡아 했을 것이다. 기존의 방법과는 전혀 다른 등을 아래로하여 도약하는 방법은 그 당시에 충격적인 것으로 여겨졌다.

심지어 국가대표 팀 감독은 딕 포스베리에게 그렇게 거꾸로 뛰다 보면 목숨을 잃을지도 모른다며 남과 다른 방법은 미친 짓이라고 만류하기도 했다. 하지만 그가 남과 동일한 방법으로 높이뛰기를 했다면 그의 이름을 아는 사람은 존재하지 않았을 것이다. 남과 다른 방법은 부족한 능력이나 자원이나 자본을 뛰어넘을 수 있게 해 준다. 그렇기 때문에 수많은 기업들이 기존과 다른 새로운 방법인 혁신을 강조하는 것이다.

영국의 철학자인 프랜시스 베이컨Francis Bacon은 남과 다르게 행동하여 남들이 한 번도 시도한 적이 없는 방법을 실행할 때만 엄청난 성취를 해 낼 수 있다는 사실에 대해 이렇게 말했다.

"누구도 해낸 적 없는 성취란, 누구도 시도한 적 없는 방법을 통해서만 가능하다."

승리의 비결은 누구도 시도한 적이 없는 남과 다른 방법으로 남과 다르게 행동하는 것이다. 누구도 시도한 적 없는 방법을 통해 누구도 해낸 적이 없는 성취를 거둔 사례가 바로 트로이 목마이다. 그리스는 트로이를 10년 동안 공격을 했지만 트로이 성벽을 돌파할 수 없었다. 결국 누구도 시도한 적이 없는 방법, 즉 트로이 목마를 만들어 그 안에 군인들을 매복시켜서, 목마를 통해 성안에 들어

가는 기상천외한 방법을 시도하였고, 그 결과 10년 동안 할 수 없었던 일을 하룻밤 사이에 해내는 성과를 거두게 되었던 것이다.

– 차별화는 기업의 생존 전략이다

차별화는 위험도 발생하지만 혜택이나 보상이 훨씬 더 크다는 점을 알아야 한다. 차별화를 하지 않으면 생존할 수 없게 되지만, 차별화를 하면 위험도 있지만 생존이 가능해진다. 작은 것을 손해 보더라도 큰 것을 얻을 수 있는 전략이 바로 차별화 전략이다.

대표기업으로 시계 회사인 스와치Swatch를 들 수 있다. 스와치는 대표적인 차별화 전략을 통해 성공한 기업 중의 하나다. 스와치가 추구한 차별화는 이제 더 이상 시계가 시간을 알려 주기만 하는 기능품이 아니라, 자신의 패션과 감성과 개성을 드러내 주는 사치품이라는 차별화된 정의에서부터 시작되었다.

'시계를 정밀기계가 아닌 패션으로 만들어 판다 '는 것이 스와치의 전략이었던 것이다. 정밀기계에 대해 소비자들이 원하는 것은 단 한 가지 이다. 고장나지 않는 것이다. 하지만 패션에 대해 소비자들이 원하는 것은 무한하다. 한 마디로 사치스러운 무수한 요구에 대응을 해주어야 하는 전혀 다른 개념의 상품으로 둔갑해 버린 것이다. 자신이 만들고 있는 제품에 대해 차별하된, 새로운 규정을 내리는 순간, 모든 것이 바뀌게 되었고, 이것이 바로 혁신의 핵심이었던 것이다.

그렇게 전통적인 시계에 대한 정의와 차별화된 새로운 정의를 토대로 하자, 스와치의 신제품 개발과 출시 전략이 전반적으로 바뀌어야 했다. 과거에는 사람들이 똘똘한 시계를 하나 사면 수십 년 동안 그것만을 차고 다녔다. 기능품이기에 시간만 잘 맞으면 더 이상 바꿀 필요가 없었던 것이다. 하지만 사치품이라고 차별화하여 시계를 정의하자, 사람들의 시계 구입 시기가 6개월에서 1년 사이로 줄어든다는 것을 알게 되었다. 그 결과 스와치는 고객들보다 더 빠르게 3개월 혹은 6개월에 한번 꼴로 신제품을 개발하고 출시하는 전략을 새롭게 실행했다. 그것도 전통을 고수하던 디자인과 기능에서 완전히 탈피하여 출시할 때마다 다양한 개성과 디자인과 기능을 선보였다.

그리고 고객들의 수많은 개성에 맞추기 위해, 수십 개에서 수백 개에 이르는 개성 있는 시계를 출시했다. 기능품이 아닌 차별화된 사치품이라는 철학을 철저하게 준수했던 전략은 여기에 그치지 않았다. 마케팅도 사치품에 걸맞게 재편하였고, 새로운 마케팅을 선보였다. 그 결과 스와치는 매 분기마다 수백 개씩의 제품을 출시하는 매우 큰 위험에 직면했음에도 크게 성공하는 기업으로 지금도 생존하고 있다.

차별화는 개인뿐만이 아니라 기업의 성공 전략이며 생존 전략이기도 하다. 차별화가 기업의 최고의 생존 전략이라는 사실을 우리에게 알려 주는 기업이 있다. 바로 한국에는 '롯데월드', '롯데백화점' 등으로 유명한 롯데그룹이다. 풍선껌에서 시작해 재계 순위 5위까지 성장한 롯데그룹의 성장 비결은 바로 '남다름'이었다.

슬럼프가 없는 롯데그룹의 성장 비결은 3무 경영이라고 할 수 있다. 현재 헤이그룹 코리아 대표 이사인 하지

해 이사가 쓴 책 [롯데의 슬럼프 없는 성장 엔진 3무 경영]을 통해 이러한 사실을 필자는 알게 되었다. 하지해 이사는 롯데를 두고서 '마치 조용하면서도 쾌속 질주를 하는 고급 승용차'로 묘사하면서 슬럼프가 없이 성장가도를 달리고 있는 롯데그룹의 모습을 비유했다.

롯데그룹의 차별화 중의 하나는 '거화취실去華就實'이라는 독특한 기업 문화라고 한다. 즉, 화려함을 배척하고 내실을 지향하는 것이다. 그래서 세 가지, 즉 성장의 한계, 도전에 국경, 파벌이나 지역색이 없는 독특하고 차별화된 기업으로 성장할 수 있었던 것이다.

풍선껌을 만드는 제과회사에 그 어떤 성장의 한계라는 것이 있었다면 아시아 최고의 호텔을 만들지도 못했을 것이다. 또한 아무것도 없는 모래벌판에 세계에서 가장 큰 실내 테마파크를 만들지도 못했을 것이며, 국내 최초의 인터넷 쇼핑몰도 만들어 내지 못했을 것이다.

뿐만 아니라 도전에 국경을 두지 않고, 롯데마트와 롯데백화점이 해외로 진출하여, 롯데마트는 이미 중국에 83번째의 점포를 열었다고 한다. 파벌이나 지역색도 찾아 볼 수 없을 정도로 전국에 걸쳐 계열사를 두고 운영하고 있다고 한다.

한국에 차별화를 통해 성공하고 있는 롯데그룹이 있다면 일본에는 나이, 학력을 파괴한 독특한 경영 방식으로 한물간 쇠퇴산업으로 치부하는 의류산업에 뛰어들어 나홀로 눈부신 호황을 구가하고 있는 유니클로가 있다.

지방의 작은 양복점에서 출발해 의류 단일 브랜드 매출 7조원을 달성하며, 엄청나게 성장한 유니클로의 성장 비결은 바로 '기존의 회사와는 전혀 다른 차별화'였다.

"모두가 안 된다던 옷장사로 이렇게 컸다! 진정한 사양산업은 없다. 사양기업만 있을 뿐이다!"

2009년 손정의를 제치고 일본 최고 부자가 된 유니클로의 야나이 다다시 회장은 모두가 기피했던 사업에서 남과 다른 마인드와 차별화된 접근법을 통해 일본을 넘어 세계 시장에서 대박을 터트리며, 불황에 빠진 일본에서 그토록 지독한 불황에서 단숨에 10배나 성장한 최고의 가치혁신 기업의 CEO로 부상했다.

그의 성공비결은 한마디로 구태의연한 과거의 관행에서 과감하게 벗어나 남과 다르게 하는 것이다.

"옷을 바꾸고, 상식을 바꾸고, 세상을 바꿔라!"

그가 주장하는 경영 철학이 녹아들어 있는 말이다. 유니클로에 대해 국내에 가장 처음으로 선보인 책 [야나이 다다시 이야기, 유니클로]를 보면 지방의 작은 양복점 주인에서 일본 최고 부자가 된 그의 성공 비결에 대해서 잘 알 수 있다.

유니클로만의 독특하고 차별화된 경영방식은 위기에 더 빛이 났다. 그래서 일본 경제의 장기 불황 속에서 소비자 물가가 끝없이 하락하는 디플레이션에 빠졌는데도 불구하고 매출액을 경이적으로 향상시킨 매우 드문 의류 판매 기업이다.

야나이 다다시의 독특한 경영 철학은 실패는 곧 수치라는 정서가 짙게 깔려 있는 일본 사회에서 빨리 실패하고, 빨리 깨닫고, 빨리 수습하는 것을 자신의 성공 비결로 삼을 만큼 남달랐다는 데 있다. 일본에는 도쿠가와 이에야스의 '돌다리를 두드려 보고도 건너지 않는다.' 는 식의 신중함을 중시하는 사람들이 매우 많다. 하지만 야나이 다다시는 이런 일본 사회의 정서와는 정반대로 생각하고, 행동했다.

일본 사회에서는, 특히 일본의 경제계에서는 실패할 것 같으면 차라리 아무것도 하지 않는편이 더 낫다고 생각한다. 하지만 야나이 다다시는 이러한 생각과 정반대라는 사실을 그의 이러한 말을 통해 알 수 있다.

“어떤 경영자는 내가 연전연승連戰連勝한다고 생각할 수도 있지요. 그러나 그러 일은 있을 수 없어요. 새로운 시도를 하면 실패는 당연한 것이 됩니다. 난 1승 9패라도 좋다고 생각합니다. (실패하지 않는 것은) 그들이 새로운 시도를 하지 않았거나 실패의 원인을 모르고 있다는 것이죠. 정말로 유능한 경영자라면 전패全敗라고 생각해야 합니다. 1승을 하기 위해 9번을 실패하는 것이죠.”

_가와시마 고타로, [야나이 다다시 이야기, 유니클로], 106쪽

우리는 보통 1승 9패를 처참한 패배라고 여긴다. 하지만 야나이 다다시는 1승 9패를 좋은 것이라고 여긴다. 그는 실패를 두려워하지 않는 도전정신과 모험정신을 가지고 있을 뿐만 아니라 남과 다른 사고방식을 가지고 있

는 인물이다.

2009년 6월 22일에 한국경제에 실린 유니클로에 대한 기사를 보면 유니클로가 얼마나 무서운 회사인지를 알 수 있다.

"불황을 모르는 유니클로의 성적표는 화려하다. 지난 5년간 매출 90% 증가, 점포 수 3배 확장, 평균 영업이익률 15%, 2009년 회계연도 결산에서도 매출 6600억엔(약 9조원), 영업이익 101억엔을 달성할 전망이다. 사상 최대 매출, 최대 이익이다. 최대 실적 기록 경신은 2006년부터 4년째다."

_한국경제신문 2009년 6월 22일

이러한 유니클로의 차별화는 이것뿐만이 아니다. 유니클로의 사무실의 모습도 매우 남다르다. 사무실에는 직원의 개인 책상이 없다. 공동으로 사용하는 테이블만 있어서, 출근하면 그날의 업무 내용에 따라서 그날 함께 일해야 할 사람과 장소를 선택하여 일을 하게 된다. 그리고 회의할 때는 의자가 없는 회의실에서 회의를 한다. 불필요한 시간 낭비를 막고, 회의를 위해 철저하게 준비하여

서로 핵심요소만 협의하게 한다. 그리고 집중 업무실이 따로 있어서 깊은 집중력을 필요로 하는 업무를 볼 때는 그 곳에 들어가서 일을 한다. 물론 휴대폰도 가지고 들어가서는 안 된다. 그리고 오후 7시가 되면 사무실의 전등이 자동 소등된다. 일하는 시간이 길다고 일을 잘 하는 것은 아니기 때문이다. 결국 남과 다른 차별화된 유니클로는 남과 다른 성과를 창출해 낼 수 있는 기업으로 성장했다.

이제 차별화는 더 이상 일시적인 개성의 문제가 아니라 개인을 넘어 기업의 생존 전략이며, 최고의 성공 비결이라고 할 수 있다.

- 독특함에 가치를 더해야 한다

리마커블하다는 것만으로도 충분히 성공적이라고 할 수 있다. 무엇보다 그 자체만으로도 기업은 고객의 관심을 끌 수 있고, 개인은 자신의 존재감을 확실하게 드러낼 수 있기 때문이다. 무엇인가 남과 다르다는 것은 묘한 매력이다. 그리고 그것은 차별화의 전제 조건이면서 동시에 차별화 그 자체이다.

이렇게 차별화에 성공한 다음 단계가 바로 독특함에 어떤 효용 가치나 활용성이나 의미가 있느냐 하는 것이다. 대부분의 기업이나 개인은 차별화하는 독특함이 없기에 90%가 자신의 존재를 드러내지 못하고, 고객의 관심을 끌지 못한 채 사라져 간다. 하지만 차별화에 성공한 10%는 자신의 존재감을 드러내고, 고객의 관심을 끌게 된다.

차별화에 성공한 10%는 일단 10%에 들어갔다. 그리고 이 단계에서 그 10%는 반반으로 나누어진다. 즉, 그 차별화에 가치까지 더해져 있는 독특함인지 아니면 별로 가치가 없는 차별화인지가 확실하게 나누어진다.

그 결과 차별화에 성공한 10% 중의 반은 가치가 없는 것이기에 반짝하고 자신의 존재감을 드러내자마자 사라지게 된다. 하지만 나머지 반은 가치가 있는 것이기에 오랫동안 지속되고 성장하고 세계를 이끌어 가게 된다. 그런 점에서 독특함에 가치가 결부되어 있는 것만이 차별화 전략을 통해 성공을 이끌어 낼 수 있는 조건이라는 것을 우리는 알 수 있다.

차별화를 통해 항공업계가 불황의 늪에서 허덕이고 있을 때도 성장을 해 온 항공업체가 있다. 바로 사우스웨스트 항공Southwest Airlines이다. 모든 항공사들이 대규모 적자와 감원을 해야 하는 불황에도 사우스웨스트 항공은 흑자를 달성했다. 더욱 더 놀라운 사실은 이 회사가 창업 이래 단 한 번도 적자를 기록하지 않았다는 사실이다.

경영성과만 좋은 것이 아니다. 이 회사에 근무하는 직원들의 이직률은 매우 낮고, 회사에 대한 충성도가 타의 추종을 불허한다. 노동 강도가 매우 높음에도 그렇다는 것은 놀라운 일이 아닐 수 없다. '포춘' 에서는 1998년부터 '미국에서 가장 일하기 좋은 100대 기업' 을 선정하여 발표했을 때, 첫 해에 1위에 선정되기도 했다.

그렇다면 이렇게 경영 성과와 직원들의 만족도라는 두 가지 토끼를 동시에 다 잡은 놀라운 회사의 비결은 무엇이었을까? 그것을 한마디로 정의하면 다음과 같다.

"독특함에 가치를 더하라."

바로 이것이다. 사우스웨스트 항공은 독특하다. 남들이

고가 정책을 펼 때, 남들과 다르게 독특하게 저가 정책을 폈다. 그리고 남들이 기내 식사를 제공하고, 좌석을 정해 주고, 우등석 등을 제공했을 때, 이 회사는 그런 것들을 제공하지 않았다. 그 대신 이 회사는 승객들에게 기쁨과 웃음을 선사해 주었다. 이렇게 말이다.

"기내에서는 금연입니다. 담배를 피우고 싶으신 분이 계시다면 문을 열고 밖으로 나가 날개 위에서 피시면 됩니다. 흡연하시면서 관람할 영화는 '바람과 함께 사라지다'가 되겠습니다."

"비행기를 나가실 때에는 가지고 타신 모든 물건을 챙겨 가는지 확인하시기 바랍니다. 남겨진 물건은 승무원들이 공평하게 나누어 가지게 됩니다. 제발 아이들과 배우자를 놓고 가지는 마세요."

"여러분의 좌석 쿠션은 물속에서 뜰 때도 사용될 수 있습니다. 그리고 물에 착륙하는 긴급 상황에서는 부디 해안까지 노를 저어 가시기 바랍니다. 우리의 감사인사와 함께 말이지요."

기내 방송을 해도 고객에게 기쁨과 즐거움을 선사한다. 이 회사의 독특함은 또 있다. 정시 도착, 정시 출발을 철저하게 지킨다. 대형 항공기의 턴어라운드 시간이 평균 45분 정도 걸린다. 하지만 이 회사의 항공기는 20분이면 그것이 가능하다. 아니 지금은 15분에도 가능하다. 4명의 지상 영업 직원이 불과 15분 동안에 137명의 승객과 짐을 내리고, 연료를 다시 채우고, 다시 137명의 승객과 짐을 싣고 출발시키는 일이 이 회사에서는 가능하다는 것이다.

이 회사는 독특함이 너무나 많다. 초창기 스튜어디스들에게 핫팬츠를 입히고 '전쟁은 노우, 사랑은 예스'라는 슬로건을 내세워서 본사가 있는 러브필드의 이름을 광고에 활용하는 독특한 방법으로 사람들의 관심을 끌었다.

지루하고 식상한 전통적인 기내 서비스에 지쳐있는 승객들을 기상천외한 방법으로 깜짝 놀라게 해 주기도 한다. 가끔씩 스튜어디스가 기내 가방 보관함에서 튀어 나오기도 한다.

이러한 독특함이 지속적인 성공으로 이어질 수 있었던

것은 그러한 독특함을 받쳐 줄 수 있었던 독특한 인간 중시, 직원 중시의 철학과 가치가 있었기 때문이라는 사실을 절대 잊어서는 안 된다.

직원 중시의 철학에서 나온 것이 직원들이 일을 할 때 즐거워야 한다는 것이다. 그리고 직원들이 즐거우면 그 즐거움이 고객들에게 영향을 줄 수밖에 없다. 그러한 즐거움은 결국 독특함으로 이어지게 되고, 지속적인 성공으로 이어지는 독특한 항공사가 탄생하게 되는 것이다.

경영 구루 중의 구루라고 평가받고 있는 톰 피터스는 이 회사에 대해 다음과 같이 말한 적이 있다.

"사우스웨스트는 '지구상에서 가장 멋진 항공 쇼'와 같은 회사다. 왜냐하면 이 회사는 정시 발착, 멋진 수화물 처리, 낮은 항공료, 지정좌석제 폐지, 다른 항공사와는 전혀 다른 기내식 등 깜짝쇼를 연속적으로 터뜨리는 기발한 회사이기 때문이다. 대부분의 회사들은 경직되어 있고, 또 따분한 점이 많은 데 비해 사우스웨스트는 전혀 그렇지 않다. 직원들의 상상력과 에너지를 최대한 자유롭게 풀어 놓으려고 애쓴다. 이 회사는 일을 일이라 생각하지 않고 재미난 놀이라고 생각한다. 직원들은 파격적으로 행동해도 좋다는 위임을 받아 놓고 있다. 탈집중화된 회사조직표나 기구표만으로는 설명되지 않는 진취적인 모험 정신이 있다. 회사 일을 내 일처럼 여기는 태도가 회사 구석구석까지 스며들어 있다."
_톰 피터스

그의 말처럼 이 회사는 이 세상에 존재하는 그 어떤 항공사와도 같지 않다. 다르다. 바로 이것이 이 회사의 경쟁력이다. 그리고 무엇보다 이 회사에는 그러한 독특함에 가치가 결부되어 있다. 그러한 가치가 더해짐으로써 이 회사는 그 어떤 조직보다 더 강력한 조직으로 도약하고 있는 것이다.

– 기술에 인문학이 녹아들게 하라

이 시대의 영웅, 진정한 혁명가인 스티브 잡스는 과연 어떻게 해서 만들어지게 되었을까? 그가 그토록 위대한 업적을 달성해 낼 수 있었던 비결은 무엇이었을까? 왜 우리는 스티브 잡스에 열광하고, 그를 추종하는가?

그것은 그가 다른 수많은 경영자들과 남다른 독특함과 가치를 모두 가지고 있었기 때문이다. 그리고 그가 가진 남다른 독특함과 가치의 토대가 되어 준 것은 바로 인문학이었다.

"애플의 DNA에는 기술뿐만 아니라 인문학이 녹아 있다. 기술만으로 충분하지 않기에 인문학과 기술을 결합하고 소프트웨어와 하드웨어가 결합되어야만 최종적으로 가슴을 울리는 결과물을 만들 수 있다."
_스티브 잡스

그가 남긴 명언들 중의 하나다. 그리고 그의 말처럼 스티브 잡스가 만든 모든 제품들의 DNA 속에는 소프트웨어와 하드웨어라는 기술만이 있는 것이 아니라, 인문학이 포함되어 있다. 바로 이것이 애플의 스티브 잡스가 만든 제품에 수많은 사람들이 열광하고 사랑에 빠지고 지독한 충성을 맹세하게 되는 단 한 가지 이유이다.

만약에 그가 불교에 심취하지 않았거나, 서예과목을 수강하지 않았다면 맥이 가지고 있었던 여러 가지 서체와 아름다고 황홀한 폰트들을 우리들은 만나지 못했을 것이다. 만약에 그가 인문학에 심취하지 않았다면 아이폰, 아이튠즈, 아이패드와 같은 감성적인 디자인과 감성적인 사용법이 구현된 제품들을 경험하지 못했을 것이다.

그는 마이크로소프트사의 빌 게이츠에게 기술에 인문학과 같은 문화가 녹아들게 하라고 엄청난 독설을 퍼부었다. 그에게 있어서 인문학이 녹아들지 않은 기술만이 가득 차 있는 제품은 최고의 혐오 덩어리 그 자체이기 때문이었을 것이다. 그가 얼마나 이러한 기술만 가득 차 있는 제품과 그러한 제품을 만들고 있는 빌 게이츠에 대해 혐오하고 있는 지는 그의 말을 통해 잘 알 수 있다.

"마이크로소프트사가 지금 끌어안고 있는 문제는 그들에게서는 맛을 느낄 수 없다는 사실일 것이다. 그들은 절대적으로 무미건조할 뿐, 그 이상이 아니다. 내 말은 협소한 의미에서가 아니라 광의의 의미에서, 그들은 독창적인 아이디어를 짜내려고 하지 않으며, 그들의 제품들 속에 '문화'를 불어넣으려고 하지 않는다는 점이다."
_PBS 다큐멘터리 Triumph of The Nerds

그가 빌 게이츠를 모독한 것은 이것뿐만이 아니다.

"나는 진실로 빌 게이츠가 최고이기를 바란다. 나는 그와 마이크로소프트가 매우 가까운 사이라고 생각한다. 그가 만약 환각제를 경험해 봤거나, 혹은 보다 젊었을 때 힌두교도들의 수행장을 둘러보았다면 지금보다는 훨씬 폭넓은 사람이 될 수 있었을 것이다."

_New York Times, 1997년

빌 게이츠가 천재라면, 스티브 잡스는 인문학자이면서 동시에 천재라고 할 수 있다. 빌 게이츠가 돈을 많이 벌고, 세계적인 부자이며, 자신의 기업을 잘 운영해서 망하지 않고 지금까지 승승장구해 온 것을 보면 그는 훌륭한 경영자이기도 하다. 하지만 그 이상은 아니다. 반면에 스티브 잡스는 위대한 혁신가이다. 수많은 이들이 그를 추종하고 있다. 그는 단순한 경영자가 아니다.

이 시대의 영웅이다. 그가 이 시대의 영웅, 즉 단순한 경영자나 단순한 천재가 아니라 그것들을 넘어 위대한 영웅이 될 수 있었던 것은 그가 기술에 인문학이 녹아들게 할 수 있었기 때문이다.

그것만큼 리마커블한 것이 또 있을까? 바로 그러한 이

유 때문에 새로운 아이폰이 출시될 때마다 전세계 곳곳에서 며칠 밤을 세면서 줄을 서서 기다리는 진풍경이 벌어지는 것이다. 기술에 인문학의 정신과 철학, 가치와 감성이 녹아들어 있는 제품을 우리는 이제 만날 수 있을까?

지금 갤럭시 노트가 승승장구하면서, 삼성이 휴대폰 업계에서 세계 1위로 도약을 했다. 갤럭시 노트가 그렇게 승승장구할 수 있었던 이유는 '아날로그적인 필기의 느낌과 감성을 제대로 제공해 주는 리마커블한 제품' 이기 때문이다.

필자 역시 부담이 많이 되었음에도 갤럭시 노트를 구입했다. 항상 노트에 필기를 하는 것을 좋아하는 필자에게 갤럭시 노트는 필자의 감성을 자극하고 유혹하기에 충분한 리마커블한 제품이기 때문이다. 갤럭시 노트는 들고 다니기에 불편할 정도로 매우 큰 편이다. 하지만 갤럭시 노트가 잘 팔리는 이유는 기술에 감성이 녹아들어 있는 제품이기 때문이다.

당신이 광고를 만들든, 제품을 만들든, 연주를 하든 무엇이든 간에 가치와 감성과 인문학이 녹아들게 할 수만 있다면 당신은 순식간에 세계 최고로 도약할 수 있다. 그러므로 그 방법만을 연구해 보고, 도전해 보기 바란다.

– 군중을 사로잡는 것이 힘이며 능력이다

왜 그토록 위대한 기업들이 무너지고 사라지는 것일까? 수많은 평범한 기업에서 위대한 기업으로 도약하는 것에 성공한 위대한 기업들은 말 그대로 위대하다. 하지만 이러한 위대한 기업들도 어느 순간에 무너지고 사라져 버리는 것을 쉽게 목격할 수 있다.

좋은 기업에서 위대한 기업으로 도약하는 기업들의 비결과 특성을 파헤친 바 있는 짐 콜린스는 그렇게 분석했던 위대한 기업들이 어느 새인가 도산해 버리는 일이 비일비재하다는 사실을 목격하고 충격에 빠진 적이 있다.

뛰어난 기술력과 탄탄한 재무구조를 가진 기업들이 줄줄이 무너지는 이유는 무엇일까? 위대한 기업들은 크게 잘못되거나 틀린 결정을 내리지 않는다. 매우 합리적이고 현명한 결정을 내리며 열심히 일을 한다. 바람직한 경영 원칙을 준수하며, 지금까지 해 와서 승리했던 그 방식대로 열심히, 충성스럽게 조직을 이끌어 간다. 하지만 아무리 해도 결국에는 파산하고 만다.

이러한 사실에 대해 가장 잘 설명하고 있는 학자가 바로 '클레이튼 크리스텐슨Clayton Christensen 이다. 그는 자신의 명저인 [혁신 기업의 딜레마The Innovator' s Dilemma]에서 이러한 기업들이 살아남지 못하는 가장 대표적인 이유로 시장이 외면하는 곳에 존재하는 혁신을 외면했기 때문이라고 한다.

즉, 기존에 사용하여 큰 성과를 봤던 경영 전략을 그대로 고수한다는 것이다. 그래서 가장 큰 성과를 낼 것 같은 시장이 외면하지 않고 시장에서 각광을 받고 있는 과제에 집중하는 전략을 추진하게 된다. 그 결과 시장이 외면하는 곳에서 혁신을 하여 신규 시장을 창출하고, 기존의 시장의 룰을 바꾸는 후발 기업들에게 밀리게 된다는 것이다.

그는 혁신에도 두 가지 형태의 혁신이 있다고 말한다. 기존의 사업을 토대로 하여 기존의 제품을 좀 더 낫게 개선하여 출시하는 것을 존속적 혁신이라고 하고, 이와 대비되는 혁신으로 시장이 외면하고 안 될 것이라고 생각되는 곳에서 발생하는 매우 급진적이고 기존의 것들을 다 바꾸거나 파괴하는 것을 파괴적 혁신이라고 한다.

21세기형 기업은 바로 파괴적 혁신을 통해 성장을 하고 살아남을 수 있는 기업이다. 파괴적 혁신이란 본질적으로 사고방식의 전환을 의미한다. 그리고 사고방식의 전환은 시장이 외면하는 곳에서 새로운 기회를 만들고 창출해 낼 수 있게 해 준다. 한마디로 사고의 틀을 깨는 것이다.

위대한 기업들이 지속성장할 수 있는 가장 큰 비결은 어제와 다르게 새로운 혁신, 즉 파괴적 혁신을 끊임없이 했기 때문이다. 어제까지는 시장이 외면했지만 바로 그렇게 외면당했던 분야와 상품에 파괴적 혁신의 DNA가 무한히 숨겨져 있다. 그것을 발견해 내고 끄집어내기 위해서 필요한 것은 바로 사고의 틀을 깨는 것이다.

그렇게 사고의 틀을 깨고, 파괴적 혁신을 할 때, 자연스럽게 리마커블해진다. 그리고 그러한 리마커블은 최고의 경쟁력이 되어 준다. 리마커블해야 군중을 사로잡을 수 있기 때문이다. 군중을 사로잡는 다는 것은 바로 힘이며 능력이다.

소설을 많이 읽는 것과 과거의 역사를 많이 배우고 공부하는 것은 우리가 살아가는 데 있어서 큰 지혜와 전략을 제공해 준다. 교과서에는 해답이 있는 질문만을 한다. 하지만 소설과 과거의 역사 속에는 해답이 없는, 도저히 해답을 찾을 수 없는 수많은 질문들이 존재한다. 그렇기 때문에 우리로 하여금 사고를 확장시키고, 유연하게 해 주는 소설을 많이 읽게 되는 것이다.

소설이나 역사가 우리로 하여금 삶의 지혜와 전략을 안겨다 준다는 점에서 좋다고 할 수 있으며, 이와 같은 효과를 주는 것 중의 또 다른 하나는 영화이다. 영화의 스토리나 주제가 모두 소설을 기반으로 하는 경우가 매우 많기 때문에 영화를 통해서도 지혜와 전략을 얻을 수 있다.

삶의 지혜와 훌륭한 전략을 제시해 주는 영화 중의 하나가 바로 고대 로마시대 검투사들의 파란 많은 인생과 사랑, 복수를 그린 영화인 [글래디에이터Gladiator]이다. 리들리 스콧 감독의 이 영화를 통해 우리는 나약한 한 인간이 힘과 능력을 가지게 되는 과정과 그 비결을 배울 수 있게 된다.

이 영화의 배경이 되는 시대는 절정기의 로마제국 시대다. 절정기를 맞이한 로마제국답게 그 영토가 매우 광대하여 아프리카 사막에서 잉글랜드 북쪽까지 걸쳐 있다.

로마의 장군이자 주인공인 막시무스(러셀 크로)는 죽을 고비를 맞이하게 되고, 가족들은 모두 살해당하는 비참한 현실에 직면하게 된다. 이 모든 것은 뒤에서 음모를 꾸미고 실행하고 있는 황제 코모두스(와킨 피닉스)의 짓이다. 결국 비참한 상황에 직면하던 막시무스는 노예 검투사로 팔려가게 되는 신세가 된다. 그 어떤 힘도 영향력도 없는 그저 자기 자신의 목숨만을 보전하기 위해 오늘도 싸우고, 내일도 싸워야 하는 일개 노예 검투사로 전락했다.

이러한 막시무스에게 한 줄기 빛이 내려 왔다. 마지막 남은 희망의 불씨 같은 소리를 검투사 주인에게서 듣게 된다.

"내 말을 잘 들어라. 나도 검투사 출신이다. 내가 최고가 될 수 있었던 까닭은 상대를 빨리 죽였기 때문이 아니라 군중이 날 좋아했기 때문이다. 군중을 사로잡아야 한다. 그러면 자유가 보장된다."

결국 자유가 될 수 있는 힘과 능력은 군중을 사로잡는 것에서 비롯된다는 것이다. 그렇다면 군중을 사로잡기 위해서는 어떻게 해야 할까?

어제도 보아왔던 평범한 검투사, 오늘도 볼 수 있고, 또 내일도 볼 수 있는 흔하디흔한 평범한 검투사들을 보고 군중들은 열광할까? 절대 아니다. 어제도 볼 수 없었고, 내일도 볼 수 없는 그런 리마커블한 검투사에게 군중들은 열광하게 되어 있는 것이다.

군중들이 열광하게 되고, 그들의 마음을 사로잡는 것은 곧 또 다른 하나의 권력이며 힘이다. 그것은 또 다른 하나의 영향력을 행사할 수 있다. 군중들을 즐겁게 해 주는 연예인들과 인기 스포츠맨들이 부를 축적하고, 큰 영향력을 행사할 수 있는 것이 바로 이 때문이다.

이 영화 속에서는 또 한 번 이러한 사실을 공주 루실라(코니 닐슨)의 입을 통해 말해 준다.

“군중을 즐겁게 하는 것, 그것은 곧 능력이며 힘이다. 로마는 곧 군중이니까, 군중을 장악하면 모든 것을 장악하게 된다.”

결국 이런 측면에서도 리마커블한 것이 곧 힘이며 능력이라는 사실을 알 수 있다. 리마커블하지 않는 다면 도저히 군중들의 주목조차 받기 힘들기 때문이다.

제 2 부. 평범한 것은 삶도 성공도 아니다.

"대범한 삶은 오래가지 못할지도 모른다. 그러나 조심스러운 삶은 삶이 아니다."
_리처드 브랜슨 [비즈니스 발가벗기기]

"눈부신 실패에는 상을 주어라. 그러나 평범한 성공은 벌을 내려라."
_필 다니엘스

"나는 평범함보다 나쁜 것은 없다고 생각한다."
_영화 [아메리칸 뷰티], 미나 수바리가 분한 안젤라

– 평범한 것은 삶이 아니다

영국인들이 사랑하는 경영자 리처드 브랜슨은 자신의 저서 [비즈니스 발가벗기기]에서 ‘대범한 삶은 오래가지 못할지도 모른다. 그러나 조심스러운 삶은 삶이 아니다.’ 라고 말했다.

그의 이 말은 한순간에 필자를 사로잡았다. 그리고 필자를 뼛속까지 변화시켰다. 지금까지 너무 평범하게, 조심스럽게만 살아온 필자의 굳어버린 삶의 방식이란 빙산을 송두리째 깨어 부수고 저 넓은 바다와 하나가 되어 소통하게 해 주었다. 평범한 것에 집착하며 그저 평범한 삶을 살아왔지만 되돌아보면 그 어떤 성공도, 그 어떤 실패도 없었던 것 같다. 그것이 무엇보다 참을 수 없는 것이다.

그 어떤 성공도, 그 어떤 실패도 없는 삶! 그것은 마치 평범이라는 유리로 만들어진 유리상자 안에 자신을 가두어 놓고 평생 다람쥐 쳇바퀴 돌 듯한 삶을 살아가는 것과 다를 바 없다. 결국 그러한 삶은 삶이 아니라는 결론에 도달할 수 있었던 것이다.

평범한 것은 더 이상 삶도, 성공도 아님을 알게 되었다.

톰 피터스는 평범함의 비애에 대해 다음과 같이 표현했다.

“롱지노티 뷔토니는 ‘평범한 상품’과 ‘드림 상품’을 다음과 같이 구분했다.

평범한 상품	vs	드림 상품
맥스웰하우스		스타벅스
BVD		빅토리아즈시크리트
페이리스		페라가모
현대		페라리
스즈키		할리데이비슨
애틀랜틱시티		아카풀코
뉴저지		캘리포니아
카터		캐네디
코너스		펠레
CNN		[백만장자가 되고 싶은 사람] 퀴즈 프로

첫 번째 그룹이 특별히 잘못한 것은 없다. 단지 고객의

니즈에 평범하게 대응했을 뿐이다. 하지만 두 번째 그룹은 단순한 '니즈 충족'의 영역을 훨씬 뛰어넘어 꿈에서나 가능할 능력을 제공한다."
_톰 피터스, [미래를 경영하라], 126쪽

그의 말처럼 평범하게 대응하는 것, 그리고 우리가 평범하게 사는 삶이 특별히 잘못된 것은 아니다. 하지만 꿈에서나 가능한 삶을 살 수 있는 데도 지루하고 평범하고 어제와 별반 다를 것이 없는 삶을 평생 반복하면서 살아간다는 것은 인생에서 가장 큰 낭비이다.

윈스턴 처칠은 '우리는 집을 만들고 집은 우리를 만든다.'고 했다. 나는 이렇게 말하고 싶다. '우리는 비범함을 만들고 비범함은 우리를 더욱 더 비범하게 만든다.'고 말이다. 그런대로 괜찮은 삶이 아닌 눈부신 삶을 살고, 만족하는 수준을 넘어 열광하는 삶을 당신은 살아 갈 수 있다. 하지만 당신은 지금 평범함에 만족하고 있다.

꿈과 같은 삶을 살 수 있는 당신이 평범하게 살아간다는 것은 가짜 삶을 살아가고 있는 것과 다를 바 없다. 그런 점에서 평범한 삶은 삶이 아닌 것이다. 구만리 창공으로 높이 날아오를 수 있는 존재가 초원에서 사자만큼 빨리 달릴 수 있다는 사실에만 만족하며 평생 달리면서 살아간다면 그것은 참된 삶이라고 말할 수 없는 것처럼 말이다.

우리는 누구나 비범한 삶을 살아 갈 수 있는 존재들이다. 다만 그것을 깨닫지 못하고 자신이 날수 있다는 사실에 대해 한 번도 진지하게 생각해 보지 않았을 뿐이다. 우리가 평범한 삶에서 벗어나야 할 또 다른 이유 중의 하나는 그것이 우리의 숨겨진 재능과 잠재력을 100% 발휘해 낼 수 있고, 자신의 또 다른 숨겨진 능력을 발견하게 되는 기회를 제공해 주기 때문이다.

평범한 것에 집착하는 사람들은 절대 이런 소중한 기회를 가질 수 없다. 그렇기 때문에 더욱 더 평범해지는 것이다. 하지만 비범한 사람일수록 자신의 숨겨진 재능을 발휘해 낼 수 있는 놀라운 일들을 시도하면서 자신도 미처 몰랐던 자신의 숨겨진 재능을 발견하게 되고, 그로 인해 더욱 더 비범해지는 것이다.

이러한 이유로 평범한 사람들은 더욱 더 평범해지고,

비범한 사람들은 더욱 더 비범해진다. 그 결과 수많은 평범한 대중들의 눈에는 비범한 사람들이 천재로밖에는 보이지 않게 되는 것이다. 하지만 그들이 그토록 우러러보는 천재들도 따지고 보면 당신과 나, 우리들과 다를 바 없는 초보적 시절이 있었다. 그리고 그들 역시 그들의 실력이 평범함에 머물고 있었던 시절이 있었다는 것이다. 다만 그들은 자신의 숨겨진 재능을 발견하고 향상시킬 수 있는 남다른 기회와 조건을 많이 얻었던 것뿐이다.

이러한 기회와 조건은 스스로 만들어 내는 사람도 있고, 반면에 절망스러운 환경에 의해 주어지는 경우도 있다. 로버트 슐러의 '절벽 가까이로 부르셔서'라는 시에 나오는 것처럼 말이다.

"절벽 가까이로
나를 부르셔서 다가갔습니다.
절벽 끝에 더 가까이 오라고 하셔서
더 가까이 다가갔습니다.

그랬더니 절벽에
겨우 발을 붙이고 서 있는 나를

절벽 아래로
밀어버리시는 것이었습니다.

물론 나는
그 절벽 아래로 떨어졌습니다.
그런데 나는 그때서야 비로소 알았습니다.
내가 날 수 있다는 사실을."
_로버트 슐러, <절벽 가까이로 부르셔서>

우리 모두는 이와 다르지 않다. 절벽 아래로 떨어져보기 전에는 우리가 날 수 있는 사람인지 아닌지 알아 낼 방법이 도무지 없다는 사실을 인정해야 할 존재들이다. 당신도 이와 같다. 당신도 알고 보면 날 수 있는 사람이다. 그러므로 평범함에서 벗어날 때 당신은 날 수 있는 자신을 새롭게 발견하게 된다. 그렇기 때문에 남과 다른 비범함을 추구해야 한다. 그것은 자신을 날마다 벼랑에 세워서 자신을 시험해 보는 수밖에 없다. 벼랑에서 떨어져 보기 전에는 그 누가 무슨 말을 하더라도 그것은 전부 의견에 불과한 말일 수밖에 없다.

이 세상일들 중에서 아무도 모르는 것이 하나 있다면

당신이 어느 정도로 성공할 수 있을지, 얼마나 높게 날 수 있을까 하는 것이다. 성공한 사람들 대부분에게 용기와 결단력과 실행력이 있다는 사실이 의미하는 것은 이들 모두는 최소한 한번 이상은 자신을 벼랑 위에 세우고 나서 그 곳에서 뛰어 내림으로써 자신이 날 수 있다는 것을 실제로 확실하게 깨닫게 된 사람들이라는 점이다.

당신은 언제 자신을 벼랑에 세워 보았는가? 그리고 언제 절벽 아래로 뛰어 내려 보았는가? 그런 경험이 없다면 당신은 아직 한 번도 당신이 어떤 존재인지 제대로 알게 된 적이 없는 사람에 불과 할 뿐임을 알아야 한다.

아카데미 8개 부문에 2000년 최다 노미네이션 된 화제의 영화 [아메리칸 뷰티]라는 영화를 보면 아내와 딸에게 일찌감치 한심한 실패자로 낙인이 찍히고, 좌절감으로 가득 찬 채 하루하루를 무기력하게 보내는 레스터 번햄(케빈 스페이시 분)이 달의 학교를 방문하였을 때 딸의 되바라진 친구 안젤라(메나 수바리 분)를 보게 되었다. 레스터는 안젤라를 보는 순간 한 눈에 형언할 수 없는 욕정을 품게 되고, 그것은 놀랍게도 무기력한 삶에 매몰되어 가던 자신을 완전하게 변화시키는 동기를 부여해 주는 원동력이 되어 주었다. 그래서 젊은 날 그토록 원했던 스포츠카를 구입하고, 안젤라에게 잘 보이기 위해 보디빌딩을 하고, 청소년기를 회복하려는 듯 햄버거 가게에서 고기를 굽는 새로운 직업을 구하기도 한다.

이 영화를 통해 케빈 스페이시는 총 5개의 남우주연상을 거머쥐게 되었다. 뿐만 아니라 이 영화는 아메리칸 드림이란 것을 실현하며 살고 있다고 여겨지는 아메리카인들의 진짜 삶의 모습을 보여주는 영화였고, 그것은 수많은 좌절감으로 하루하루 살아가는 무기력한 주인공과 같은 사람들에게 공감을 자아내고 열광하게 만들기에 충분한 영화였다. 왜 전형적인 미국의 중산층은 위기를 겪게 되는 것일까? 왜 아메리칸 드림의 상징인 이들의 삶에 기쁨과 즐거움, 감동과 환희와 열광이 없을까? 겉으로는 화려하고 아름답고 평화롭고 건강해 보이는 이들의 삶이 속으로는 완전히 곪았고 병들어있고 그 어떤 아름다움도 없는 중산층 가정의 아메리카인 들의 모습을 우리는 어떻게 설명해야 할까?

그 모든 이유가 바로 아무 생각도 없이 그저 남들과 같은 삶, 평범한 삶을 살아 왔기 때문이라고 말할 수 있지 않을까?

이 영화를 통해 우리가 배워야 할 교훈이 있다면 남들처럼 성공하고 남들처럼 살아가는 것이 결국에는 진정한 성공도 아닌 최악의 삶이며, 그것은 이 세상에서 가장 나쁜 것이라는 것이다. 미나 수바리가 분한 안젤라의 대사처럼 말이다.

"나는 평범함보다 나쁜 것은 없다고 생각한다."

- 비즈니스는 사람의 관심을 사로잡는 것이다

우리는 보통 비즈니스라고 하면 좋은 제품이나 서비스를 만들고 판매하여 이윤을 남기는 것이라고 생각한다. 하지만 영국의 버진 그룹의 리처드 브랜슨은 그렇게 생각하지 않는다. 정말 괴짜 CEO인 것은 확실한 것 같다. 그가 주장하는 비즈니스는 한마디로 사람들의 관심을 사로잡는 것이다.

“비즈니스는 본질적으로 격식이나 승부, 혹은 ‘총결산’ 이나 이익, 거래, 장사 등등 이른바 경영서에서 주장하는 것들이 아니다. 비즈니스란 사람의 관심을 사로잡는 것이다. 만일 당신이 무언가에 대해 깊은 관심을 갖고 어떤 일을 하고자 한다면 그것은 비즈니스를 하고 있는 것이다.”

_리처드 브랜슨, [비즈니스 발가벗기기], 8쪽

그리고 그가 기업가정신에 대해서도 색다른 견해를 밝혔다.

“기업가 정신이란 고객의 머리 위에 서는 것이 아니다. 혼자서 일하는 것을 의미하는 것도 아니다. 최고를 찾는 일도 아니며 반드시 많은 돈을 버는 일에 국한된 것도 아니다. 나아가 일이 삶의 전부가 되도록 하는 것은 더더욱 아니다. 그와 반대로, 기업가정신이란 흥미로운 것을 자본으로 전환시켜 그것을 더 많이 할 수 있고, 그로 인해 앞으로 나아갈 수 있게 하는 것이다.

나는 기업가정신이 우리 모두의 본질이라고 생각한다. 아이들로 치자면 장난기에 해당되는 어른들의 중요한 기질이랄까. 나는 일을 지겨워하고 퇴근시간만 기다리는 것은 인류가 보편적으로 타고난 기업가정신에 대한 끔찍한 배신이라고 생각한다.

여러 세기 동안, 그리고 18세기 산업혁명 이후 산업은 많은 인명을 희생시켰고 그로써 비즈니스에 오명을 씌우는 데 일조했다. 사람들은 기계적인 작업 방식을 따라야 했으며 많은 경우 말 그대로 가축처럼 취급받았다. 그러나 현대에 이르며 정치와 과학, 첨단기술은 일의 본질을 변화시켰고 이는 특히 선진국에서 두드러졌다. 우리 중 일부에게 그것은 피고용인이 아니라 기업가처럼 생각할 수 있게 해준 믿을 수 없는 행운이었다. '평생 직업' 의 시대는 끝났다. 마침내! 드디어!

직원들이 기업가처럼 생각하도록 고취시켜라. 그리고 당신이 무슨 일을 하던 간에 그들을 어른처럼 대하라. 세상에서 가장 엄격한 감시자는 양심이다. 더 많은 책임을 부여할수록 직원들은 더욱 열심히 즐겁게 일할 것이다."

_리처드 브랜슨, [비즈니스 발가벗기기], 62~63쪽

GE의 전 회장이자 미국의 경영자들이 가장 존경하는 인물인 잭 웰치는 느린 기업보다 빠른 기업이 되어야 한다고 말했다. '덩치 큰 기업이 항상 작은 기업을 이기지는 못하지만, 스피드 있는 기업은 항상 느린 기업을 이긴다.' 고 한 말의 본질은 사람의 관심을 사로잡는 기업이 항상 이긴다는 것이다. 거북이처럼 천천히 움직이는 동물보다는 엄청난 스피드로 질주하는 사자나 호랑이, 혹은 기린이나 얼룩말에 우리의 관심을 빼앗기게 되는 것처럼 그 어떤 변화도 없고, 그 변화 속도나 행동이 느린 기업보다는 빠르게 질주하며 엄청난 변화에 변화를 거듭하는 그런 기업에 우리들의 관심이 집중되는 것은 어떻게 보면 매우 당연한 일이다.

빠르다는 것이 지금은 경쟁력이고 힘이 되는 시대가 되었다. 그리고 그 빠르다는 것은 결국 사람들의 관심을 사로잡을 만큼 새롭고 신선하고 남다르다는 것을 상징하는 것이다. 애플의 아이폰에 세계인들의 관심이 빼앗긴

것은 남과 다른 제품이었기 때문이다. 그리고 그것은 다른 말로 할 때 남들보다 한 발 앞선 제품이라는 것과 같은 의미인 것이다. 남들보다 한 발 앞선 제품이 결국 사람의 관심을 사로잡게 되는 것은 당연한 것이다. 결국 비즈니스의 성공과 실패는 사람의 관심을 얼마나 사로잡을 수 있느냐 하는 것과 매우 밀접한 관계가 있다.

우리나라 인구의 7분의 1도 채 안 되는 작은 나라임에도 세계 최강의 브랜드 강국으로 우뚝 서 있는 스위스는 진짜 비즈니스가 어떤 것인지를 보여 주는 국가이다. 열악한 환경을 극복하고 누구나 한 번쯤 가보고 싶고, 살고 싶은 나라! 스위스는 어떻게 해서 그런 놀라운 브랜드 국가로 성장할 수 있었을까?

세계에서 노후를 보내기에 가장 좋은 나라, 돈이 있는 갑부들에게 최고인 나라. 국민의 삶의 질이 최고인 나라. 유럽대륙에서 최고로 안전한 나라. 인구 1인당 주식시가 총액이 세계최고인 나라, 1인당 국민 소득이 세계 최고에 속하는 나라, 세계 무역기구, 국제 적십자 위원회 등 세계 국제기구의 20% 이상이 있는 나라 인 스위스는 처음부터 세계인들이 부러워하는 잘 사는 나라가 아니었다.

불과 150년 전에는 스위스는 유럽 최빈국 중에 하나였다. 그렇게 가난한 나라가 지금은 세계에서 가장 풍요로운 나라들 중에 하나가 된 것이다. 과거에는 나라가 너무 가난했고, 가족의 생계를 위해 스위스의 젊은이들은 기꺼이 자신의 목숨을 바치는 용병이 되었다. 스위스 용병은 아주 용맹했고, 충성심이 강했다. 한번 맡은 일은 목숨을 바치면서도 성실하게 해 냈다. 가장 유명한 사례가 1527년 교황 클레멘트 7세를 지키던 스위스 용병들이 자신들의 소임을 다하기 위해 장렬히 전몰한 것이다. 그 무훈을 칭송하고 기리기 위해 지금도 바티칸성당에서 미켈란젤로가 디자인한 제복을 입은 로마교황청의 위병들은 반드시 스위스 용병들을 세우고 있는 것이다.

나라가 너무 가난하여 수많은 스위스 젊은이들이 주위의 여러 나라의 용병으로 흩어져 자신의 소임을 다하다 보면, 때로는 서로를 죽일 수밖에 없는 동족상잔의 비극을 초래하기도 했다. 결국 나라가 가난하기 때문에 빚어진 비극이었던 것이다.

이렇게 못 살던 나라가 지금은 세계 최고의 브랜드 왕국이 되어, 세계 최고의 부자 나라로 도약할 수 있었던 최고의 비결은 다른 나라에서 하지 않는 것을 차별화하여 하는 유일무이한 나라라는 점이다.

당신이 평생동안 죽을 고생을 해서 엄청난 돈을 벌었다고 가정해 보자. 이제 가장 큰 문제는 그 많은 재산을 안전하게 보호하고, 자녀들에게 손 쉽게 상속을 하고, 노후를 즐기면서도 안전하게 살아 갈 수 있고, 삶의 질이 높은 곳에서 살아가는 것이다.

이 모든 것이 제대로 충족되는 유일무이한 곳이 바로 '스위스' 라는 것이다. 다시 말해 스위스의 부와 풍요로움은 결국 전 세계에서 이주해 온 해외의 자산가들에 의해 만들어졌고, 유지되고 있는 것이 분명한 사실이다. 그것은 전 세계의 자산가들이 이 작은 나라로 이주해 오는 가장 큰 이유가 스위스에는 기본적으로 상속세가 없기 때문이다.

재산이 10억 정도 있는 사람은 굳이 스위스까지 이주할 필요가 없다. 세금이 몇 천 만원에서 몇 억에 불과할 수 있기 때문에 내면 된다. 하지만 재산이 1000억이나 100조가 되는 자산가들은 돈이 많기 때문에 스위스로 이주하게 되면 상속세로 내야 할 돈이 수 십 억에서 수백 억에 육박할 수도 있다. 이것은 이주 비용과 복잡한 절차를 다 삭감하더라도 엄청나게 남는 장사인 것이다. 뿐만 아니라 스위스의 환경과 안전, 삶의 질을 고려해 보면 오히려 세금을 더 낸다고 해도 이주하고자 하는 사람이 있을 정도라는 것이다.

결국 스위스는 차별화에 성공을 했다. 그 결과 지금은 세계 최고의 부자 나라, 브랜드 왕국이 되었던 것이다. 스위스는 다른 나라들과 차별화하기 위해 정치도 안정시키고, 범죄도 거의 없는 나라로 스스로 자신의 브랜드를 가꾸어 나갈 줄 알았던 국가였다.

이렇게 살기 좋은 나라, 안전한 나라, 세금을 절약하여 큰 돈을 아낄 수 있는 나라, 범죄 걱정이 없는 나라, 삶의 질이 좋은 나라라는 국가 브랜드는 고스란히 스위스에 큰 돈을 벌 수 있게 해 주는 나라가 되었고, 관광 대국으로 도약할 수 있었던 것이다. 이것이 바로 '차별화' 인 것이다.

스위스의 가장 큰 성공 요인은 전 세계의 부호들의 관심을 사로잡는 차별화된 국가 정책과 보기 드문 안전한 나라, 질 좋은 나라라는 차별화라고 말 할 수 있다. 그 어떤 비즈니스라도 성공하기 위해서 가장 중요한 요인은 사람들의 관심을 받아낼 수 있어야 한다는 것이다.

사람들의 관심을 받기 위해서는 스위스 국가 브랜드가 우리에게 제시해 주는 시계로 대표되는 '정밀성' '정확함' 다용도 군용칼로 대표되는 '견고함' '예리함' , 차별화된 세제 혜택으로 대표되는 ' 부자가 살기 좋은 나라' '안전한 나라' '상속세가 없는 나라' 범죄가 없고 정치가 안정된 것으로 대표되는 ' 질 좋은 나라' '고품질의 나라' ' 깨끗한 나라' 라는 국가 브랜드 이미지가 될 필요가 있었던 것이다. 스위스는 이러한 변신에 대 성공을 거둔 유일한 나라라고 할 수 있다.

작지만 강한 나라, 작지만 부자 나라라는 스위스의 국가 브랜드 이미지는 한 마디로 'Quality' 로 대변될 수 있다.

– 미친 프로젝트를 하라. 미친 짓을 하라.

[톰 피터스 Essentials, 인재]란 책을 보면 좋은 기업에서 머물러서는 안 되고, 이제는 누군가가 미친 짓이라고 말할 정도의 미치고 놀라운 프로젝트를 하는 미친 기업으로 나아가라고 주장한다.

"캐논Canon의 CEO 미타라이 하지메Mitarai Hajime는 이런 말을 했다. "우리는 사람들이 '미친 짓' 이라고 하는 행동을 해야 한다. 사람들이 '좋다' 고 말하면 이미 다른 누군가가 하고 있다는 뜻이다." "
_톰 피터스, [톰 피터스 Essentials, 인재], 155쪽

그가 이렇게 주장하는 이유는 남들이 이미 하는 것을 하거나 뒤따라 하는 것은 좋은 행동이 아니며, 경쟁력도 없기 때문이라는 것을 알 수 있다. 남들이 미친 짓이라고 할 수 있는 그런 일을 할 때 그 사람은 남들이 열광하는 혁신가가 될 수 있다는 것이다. 그리고 이것이 바로 쇄신의 비결이며, 경쟁력의 핵심이 된다. 자나 깨나 우리는 미친 짓을 생각하고 미친 짓을 해야 한다. 이것이 혁신적인 삶의 비밀이기 때문이다.

톰 피터스는 밥 서튼의 [역발상의 법칙]이란 책에 대해 깊은 감동을 받았다는 사실에 대해 고백한 적이 있다. 그가 그렇게 그 책에 대해 넋을 잃을 정도로 감동을 받은 이유는 다른 곳도 아닌 스탠퍼드대학의 산업공학과의 종신 교수가 미친 아이디어에 대한 책을 썼다는 데 있다고 말한다. 이 사실이 의미하는 내용은 이제 미친 아이디어, 미친 역발상도 그리 이상하게 여기지 않는 그런 세상이 벌써 찾아 왔다는 것이다.

이처럼 누가 봐도 미친 짓이라고 생각이 들 정도의 사업을 통해 승승장구하고 있는 사람이 있다. 누가 봐도 더 이상 차별화할 것이 없어 보이는 '두부' 장사를 하면서 출시 2년 만에 매출 40억엔을 훌쩍 돌파하고, 닛케이 트렌드지가 꼽은 일본 최고의 히트 상품 10선에 당당히 뽑힌 제품을 만든 사람은 바로 오토코마에 두부점의 대표이사 이토 신고 사장이다.

누가 봐도 '오토코마에 두부'는 미친 프로젝트였다. 두부에 생뚱맞게도 '남자다움'이란 컨셉을 덧씌워 '남자다운 두부' 혹은 '사나이 두부'라고 이름을 붙이고, 기존의 상식과는 전혀 맞지 않는 제조법과 촌스러운 디자인과 말도 안 되는 미친 가격을 붙였던 것이다. 남자다운 두부답게 오토코마에 두부의 가격은 일반 두부보다 3배나 비싼 미친 가격으로 판매를 했던 것이다.

'두부가 다 거기서 거지지'라는 우리의 통념을 완전하게 깨어 부수고, 소비자들을 열광시켰던 것이다. 너무나 놀라운 사실은 흔하디 흔한 음식 장사로 대박을 터뜨렸다는 사실이다. 첨단 제품이나 신제품이 아니라, 수백 년 전부터 판매되어온 두부로 어떻게 대박을 터뜨리고 히트 상품이 될 수 있었을까?

그 비결은 바로 '미친 짓을 과감하게 시도했던 미친 프로젝트'였던 것이다. 말도 안 되는 터무니 없이 비싼 가격에 촌스럽고 투박한 디자인에 이름 또한 엉뚱한 '남자다운 두부' 라는 사실에 소비자들은 주목을 하게 되고, 호기심이 발동할 수밖에 없었던 것이다. 그리고 그러한 호기심은 자연스럽게 한 번쯤은 사먹어 보게 만들었고, 독특한 맛에 매료된 소비자들은 스스로 마케터가 되어 입소문을 내기 시작했던 것이다.

'두부는 싸다.' , '두부는 네모난 용기에 담겨 팔린다.' 등의 일반적인 두부에 대한 생각을 완전히 뒤엎어 버리고, 비싼 두부, 동그란 용기에 담겨 팔리는 두부, 그리고 무엇보다 두부에 남자라는 컨셉을 접목시켜 '진짜 남자는 배신하지 않는다.' 라는 생뚱맞은 광고 문구로 이례적인 성공을 거둔 오토코마에 두부의 성공신화가 우리에게 말해 주는 것은 '미친 짓을 할 때 더 큰 성공을 할 수 있다' 라는 사실일 것이다.

미친 프로젝트를 시작하고, 미친 짓을 계속하면서 미친 성공을 거두고 있는 이토 신고 사장의 모토는 오토코마에 두부의 사훈이기도 한 '어정쩡한 남자는 버려라!' 이다. 그래서 그의 지론은 '남자다운 터프함으로 두부를 만들어야지, 어정쩡하게 만들면 소비자들에게 버림받는다.' 라는 것이다.

미친 사장 이토 신고 사장은 록을 미칠 정도로 좋아해서 자신의 회사 홈페이지에도 록과 만화풍의 그림 일색이다.

두부의 소비층인 주부들은 '남성다움' 이라는 감성에 자극을 받고 오토코마에 두부의 열렬한 소비자가 기꺼이 되어 주었던 것이다. 미친 짓을 하고 미친 프로젝트를 한다는 것은 스스로 감성의 가장 강렬한 것을 끄집어내어 보여 준다는 것이다. 그러한 강렬한 감성에 우리들은 반하게 되고, 열광하게 되는 것이다.

연극 무대에 올라온 배우가 어정쩡하게 적당히 자신의 배역에 미친다면 누가 감동을 하고 열광을 하겠는가? 배우라면 자신의 배역에 완전하게 미쳐야 하고, 빠져 들어야 한다. 그렇게 할 때 그것을 보는 관객들의 감성이 자극을 받고, 감동을 받게 되고, 열광을 하게 되는 것이다. 미쳐야 하는 것은 연극 무대에 서는 배우들에게만 요구되는 것이 아니다. 연구를 하는 학자든, 투자를 하는 투자자든, 기업을 경영하는 경영자든, 예술작품을 만드는 예술가든, 직장을 다니는 직장인이든, 공부를 하는 학생이든 모두에게 요구되는 것이다. 미치는 만큼 자신의 혼신의 힘을 그것에 쏟아 부을 수 있게 되는 것이다.

우리가 미친 프로젝트, 남들과 다른 그런 프로젝트를 하게 되면 성공 가능성이 매우 높아지는 이유를, 전략의 핵심은 다양성에서 비롯된다는 이 시대 최고의 비즈니스 철학자business thinker로 불리는 경영전략가 게리 해멀Gary Hamel의 말에서 찾아 볼 수 있다. 미친다는 것은 다양성의 최고의 한계를 뛰어 넘는 것이라고 볼 수 있다.

“전략의 핵심은 다양성이다. 하지만 세상을 보는 개인의 시각에 다양성이 없다면 전략에도 다양성은 있을 수 없다. 당신은 다르게 보는가? 당신은 산업의 규범을 다르게 볼 수 있는 시각을 가지고 있는가? 요점은 간단하다. 당신은 회사의 상상력의 자물쇠를 풀기 전에 당신 자신의 상상력의 자물쇠를 푸는 법을 배워야 한다. 그 후에 당신은 당신의 조직 내에서 새로운 시각의 도매상인이 되어야 한다. 그렇다면 과거를 진정한 새로움에 가까운 것으로 보는 기술을 우리 자신에게 교육시키는 방법은 무엇일까?”

_게리 해멀, [꿀벌과 게릴라], 191쪽

그의 말대로, 전략의 핵심은 다양성이다. 그렇다면 우리 자신에게 다양성을 교육시키는 최고의 방법은 무엇일까? 필자는 그것이 바로 친숙한 것, 정상적인 것이라는 장애물로부터 벗어나는 것, 즉 미쳐서 정도를 벗어나는 것이라고 생각한다. 그리고 그것은 이제 어떤 목표나 방향을 향해 끊임없이 발전하는 것을 의미하는 진보의 시대는 이미 끝나 버렸기 때문이다. 지금 우리는 새로운 시대, 즉 혁명의 시대를 살고 있기 때문이다. 남들과 세상이 마라톤 경주에서 100미터 달리기를 하듯 전력 질주하는 미친 시대에 혼자만 오래 달리기를 해서는 지금 당장 생존할 수 없게 된다. 100미터 달리기를 하듯 전력 질주와 같은 그 무엇인가를 하면서도 마라톤을 완주할 수 있어야 승리하는 시대라고 말 할 수 있다.

지금 우리가 살아가는 21세기의 모습은 매우 불연속적이고, 돌발적이고, 선동적이고, 예측불가한 변혁의 모습을 그대로 닮아가고 있다. 이런 시대의 변화 속에서 우리는 더 이상 성실과 근면만으로는 생존할 수 없게 되었다.

기존에 우리가 숭배했던 모든 관례는 무너짐에도 새로운 그 어떤 기준도 다시 세워지지 않는 그런 혼란의 시대에 우리가 해야 할 것은 혁명이며, 혁명이라고 말할 수 있을 정도로 미친 프로젝트를 해야만 하는 것이다.

– 남과 다른 것이 당신의 생명을 구한다

2001년 9월 11일, 전세계를 공포로 몰아넣은 테러가 미국에서 발생했다. 이 사건으로 수많은 인명이 희생되었다. 그런데 이 과정에서 매우 안타까운 사실들이 많이 발견되었는데 그 중의 하나가 같은 층에 있었던 사람임에도 어떤 사람은 생존할 수 있었지만, 또 다른 사람은 생존하지 못하고 아까운 생명을 잃었다는 사실이다.

그런데 그런 차이를 가르는 것은 무엇이었을까? 왜 같은 층에서 나란히 앉아서 일을 하고 있었던 사람들 중에 생존하는 사람과 그렇지 못한 사람이 발생했던 것일까? 그 이유는 남과 다른 길을 선택하고, 남과 다른 것을 했던 사람과 그렇지 못하고 남들을 따라 남들과 똑같이 행동했던 사람의 차이에서 발생했다.

대부분의 사람들은 쌍둥이 빌딩에서 큰 폭파음이 들렸고, 약간의 혼잡스러운 상황이 발생했음에도 그대로 방송에 따라, 그리고 남들을 따라 업무에 집중했던 것이다. 하지만 그 가운데 있었던 단 한 사람은 폭파음을 듣자마자, 평소에 운동을 하던 대로, 구두를 벗고 운동화를 신고, 계단을 통해 뛰어 내려왔다.

그는 놀랍게도 평소에서 한 달에 한 번 정도는 남과 다르게 세계무역센터 빌딩의 계단을 통해 오르내리면서 운동을 즐겼던 사람이다. 그런데 테러가 일어난 그 순간에 갑자기 폭파음이 들렸고, 상황이 혼잡스러워졌다. 제대로 업무를 할 수 없다고 생각한 그는 그런 뒤숭숭한 분위기가 내키지 않았다. 남들과 다르게 계단을 통해 뛰어 내려가야겠다는 것을 직감적으로 느꼈던 것이다.

그는 수많은 동료들이 희생당해야 했던 그날 계단을 통해 뛰어 내려와 목숨을 건질 수 있었던 것이었다. 그의 생명을 구한 것은 빠른 판단력도 아니었다. 그리고 남다른 감각도 아니었다. 그의 생명을 구한 것은 남들은 다 헬스클럽이나 공원에 가서 조깅을 하고 운동을 하였지만 그는 남다르게 세계무역센터 빌딩의 계단을 오르내리면서 운동을 했던 그 남다름이었다.

남들이 다 혼란스러운 상황에도 업무에 집중하려고 책상에 앉아서 머물러 있을 때, 그는 계단을 통해 뛰어 내려왔던 것이다. 그의 남다른 행동, 남과 다른 운동습관이 그의 생명을 구했던 것이다.

모든 사람들의 사고력이 엇비슷하고 비슷한 생각을 하고, 비슷한 모습을 하며, 비슷한 생활 패턴을 가지고 살아가는 사회에는 발전도 없고 미래도 없다. 심지어 어떤 위기 상황이 닥쳐왔을 때 그것을 해결해 낼 수 있는 힘과 에너지가 절대적으로 부족하게 된다. 다양한 사고를 하고 다양한 삶의 패턴을 가지고 있는 다양함이 중요시 되는 사회에는 어떤 위기 상황이 닥쳐온다 해도 그것을 해결해 낼 수 있는 사람이 한두 명쯤은 있게 마련이다. 이런 점에서 남과 다른 것은 생존과 직결되는 일이 아닐 수 없다.

1847년 아일랜드에서 대기근이 발생해 10년 동안 100만 명이 굶어죽고 300만 명이 굶주림을 피해서 아메리카 등으로 이주하게 되어 800여 만 명의 아일랜드 인구가 400여만 명으로 절반으로 감소하게 되었다. 생존한 남은 사람들도 풀을 먹거나 애완동물을 잡아먹으며 겨우 목숨을 부지했지만, 비타민 부족으로 수천 명의 사람들이 실명하거나 정신이상 증세를 보이기도 했다. 그런데 이런 대기근의 단초를 제공한 것은 바로 감자의 다양성을 무시하고 가장 좋은 감자의 단일품종 하나만을 재배하였기 때문이다.

당시 아일랜드 전역에서는 '럼퍼'라는 단일 품종만을 재배했다. 전국의 모든 감자가 유전자적으로 똑같았던 것이다. 그런데 감자마름병이라는 전염병이 돌자 '럼퍼'라는 단일 품종은 감자마름병에 그 어떤 내성도 가지고 있지 못했던 품종이었던 것이다. 아일랜드 전역의 감자밭이 초토화되었던 것이다.

100만 명이 굶어 죽고, 300만 명이 삶의 터전을 버리고 이주해야 했고, 수천 명의 사람들이 실명하고, 정신이상 증세를 겪어야 했던 10년 동안 지속된 대기근이 남과 다른 것을 배척하고 똑같은 품종만을 키워왔기 때문이었던 것이다. 만약에 아일랜드 사람들이 다양한 품종, 남과 다른 품종을 다양하게 재배했더라면 대기근은 절대로 발생하지 않았을 것이고, 대기근을 방지할 수 있었을 것이라는 사실을 우리는 역사를 통해 잘 알 수 있다. 다양한 품종의 감자가 아일랜드 전역에 재배되고 있었다면 감자마름병이라는 전염병에 대항할 수 있는 수단을 감자 스스로 찾아 낼 수 있었을 것이라고 우리는 볼 수 있다.

이처럼 획일성, 남과 다른 것을 견디지 못하는 성격은 큰 재앙을 초래하는 것이다. 획일성이 큰 재앙을 부른 경우는 감자의 경우만이 아니다. 바로 인간에게도 그런 경우가 있었다. 새로운 세계 7대 불가사의 중 하나로 꼽히는 찬란한 문명을 꽃피운 잉카인들이 감쪽같이 사라진 이유가 바로 단일 혈액형 때문이었다. 어떤 전염병이 발생했을 때 단일 혈액형일 경우 단일 품종의 감자처럼 스스로 대항마를 만들어 낼 재간이 없게 되는 것이다.

2,280m의 험준한 산꼭대기에 건설된 공중 도시 마추픽추Machupicchu는 남미에서 잉카문명의 모습이 가장 완벽하게 남아 있는 세계적인 유적지이며, 유네스코 세계문화유산이다. 외부와 단절된 이곳은 가파른 산비탈에 계단식 밭을 만들고, 여기에 배수시설까지 완벽하게 갖추고 200종 이상의 작물을 생산할 정도로 먹을 것이 풍부했고, 외부로 부터의 침략에도 안전한 요새와 같은 도시 그 자체였다. 하지만 이곳의 잉카인들이 멸종한 것은 바로 단일한 혈액형의 재앙 때문이었던 것이다.

결론은 남과 다른 다양성에 미래의 생존과 번영이 모두

담겨 있다는 것이다. 남과 똑같이 획일화할 경우 그것은 곧 멸망의 첩경이 될 뿐이다.

– 평범한 성공은 실패보다 못하다

호주의 성공한 사업가 필 다니엘스Phil Daniels는 실패에 대해 다음과 같이 말했다고 한다.

"눈부신 실패에는 상을 주어라. 그러나 평범한 성공은 벌을 내려라."

정말 멋진 말이다. 그렇다. 평범한 성공은 실패보다 훨씬 못하다. 필자가 지금까지 진짜 성공을 하지 못한 이유가 바로 이것이다. 평범한 성공만을 했기 때문이다.

보라. 필자는 대학 입시에 성공을 했다. 좋은 대학을 나왔고, 취업 전쟁에서 승리하여 좋은 기업에 취직하는 평범한 성공을 했다. 그리고 직장생활을 십 년 넘게 잘 해왔다. 너무 많은 평범한 성공을 했지만 내 인생은 성공적인 인생이 아니었다. 오히려 대학 입시에 실패를 해서 재수하고, 삼수하다가 의대에 입학하게 된 친구가 있다. 필자보다 공부도 못했지만 평범한 성공을 하여 평범한 대학에 다니지 못했던 그 친구는 3년 만에 지방의대에 합격하여, 지금은 필자보다 더 잘산다. 열 배 정도 잘산다.

그리고 어떤 친구는 취업이라는 평범한 성공을 하지 못해서, 결국 창업을 했다. 그런데 지금 필자보다 백 배는 잘 산다. 그가 필자보다 백 배나 잘 살 수 있었던 이유는 그는 평범한 성공을 하지 않았기 때문이다.

필자는 여러 번 평범한 성공을 해왔다. 하지만 그것은 알고 보니 처절한 실패보다 더 못 한 것이라는 사실을 알게 되었다.

인생의 이러한 작지만 귀중한 경험을 통해 필자는 필 다니엘스의 말에 100% 동감할 수 있게 되었다. 그래서 필자는 평범한 성공을 거부하게 되었다. 그 결과 회사를 그만 두었다. 그리고 실패에 실패를 거듭하면서 힘들고 어려운 삶을 선택하게 되었다. 그 결과 지금은 필자의 친구들만큼 잘 살게 되었다.

이런 점에서 필자가 진정으로 말할 수 있는 것은 '평범한 성공은 실패보다 못하다' 는 것이다. 평범한 성공을 하려거든 오히려 눈부신 실패를 하는 것이 백 배 낫다. 그리고 젊은 나이일수록 이런 것들이 훨씬 더 낫다.

IBM의 창업자 톰 왓슨Tom Watson은 '성공하고 싶다면 더 많이 실패하라' 고 말했다. 실패를 한다는 것은 가장 많은 것을 배울 수 있는 기회가 된다. 그래서 이러한 기회를 많이 가진 사람들이 당연히 그러한 기회가 적은 사람보다 배운 것이 더 많게 된다. 그리고 많이 배운 사람만큼 강한 사람은 없다.

평범한 성공이 실패보다 못한 이유는 평범한 성공을 통해서는 그 어떤 것도 배울 수 없기 때문이다. 하지만 실패를 통해서는 많은 것을 배울 수 있다. 그리고 그 실패가 멋지면 멋질수록 배움의 양이 많아진다는 사실을 주목해야 한다.

평범한 성공은 우리에게 남들보다 더 빨리 했다는 것, 혹은 남들보다 더 잘했다는 것을 의미한다. 하지만 그것은 결코 큰 의미나 가치를 우리에게 부여하지 않는다. 아무리 잘하고 빨리한다고 해서 그것이 자신을 성장시키거나 도약시키지는 못하기 때문이다. 평범한 성공이 눈부신 실패보다 더 못한 점 중에 하나가 바로 이것이다. 평범한 성공을 했을 경우에는 외부적인 요인이 변할 수 있지만, 가장 중요한 자신이 변화되지도, 성장하지도, 배우지도 못 한다는 것이다. 오히려 더 큰 자만과 허영심만 생기기 때문에 노력이나 궁리는 더욱 더 적게 하게 되고, 시야가 가리어져서 큰 그림을 볼 수 없을 뿐만 아니라 멀리 내다 볼 수 있는 힘도 사그라지게 되어 근시안적인 사람으로 전락할 수 있다.

하지만 눈부신 실패를 했을 경우 성공했을 때보다 더 강력하고 큰 것을 배울 수 있게 된다. 배우는 것뿐만 아니라 자기 자신을 되돌아보게 되고, 그로 인해 성장과 발전이라는 유익함을 얻게 되고, 그러한 실패가 가져다 준 시련과 역경을 한 발 한 발 디디고 넘어가는 과정에서 작은 아이가 거인으로 성장하게 되는 것이다. 눈부신 실패를 많이 하는 사람은 평범한 성공을 한 번도 한 적이 없지만 평범한 성공만을 많이 한 사람보다 훨씬 더 큰 거인이 되어 있다는 사실을 우리는 나중에야 깨닫게 된다.

대부분의 사람들이 중요시 여기는 그런 평범한 성공, 좋은 대학에 입학하고, 좋은 직장에 취업하고, 좋은 프로젝트를 하고, 좋은 직업을 가지는 것, 좋은 연봉을 받는 것, 좋은 대우를 받는 것, 좋은 회사로 이직하는 것 등과 같은 살면서 겪게 되는 일들을 성공적으로 해내기 때문에 위대한 삶, 눈부신 삶, 최고의 삶을 살 수 있게 되는 기회를 상실하게 되었다는 사실을 우리는 또한 알아야 한다.

평범한 삶을 뛰어넘어 위대한 삶을 살고, 최고의 삶을 살고 있는 사람들이 대부분 엄청난 시련과 역경을 겪었던 사람들이라는 사실에서 우리는 그러한 시련과 역경이 결국에는 최고의 삶으로 나아가는 다리 역할을 했음을 알 수 있다. 눈부신 실패는 이러한 다리 역할을 충실하게 해준다. 하지만 평범한 성공은 최고의 삶으로 나아가는 다리 역할을 해주지 못한다. 이런 점에서 평범한 성공은 실패보다 못한 것이라고 할 수 있다.

– 평범함의 또 다른 이름, 벤치마킹

세스 고딘은 자신의 책 [이제는 작은 것이 큰 것이다]에서 벤치마킹은 평범함의 또 다른 이름일 뿐 좋은 전략이 더 이상 될 수 없다는 사실을 강조했다.

“이 세상을 벤치마킹하는 것은 스트레스를 불러일으킬 뿐 아니라, 우리를 평범하고 평균적이며 그저 누구나 하는 일을 똑같이 하는 사람이 되도록 만든다. 자동차 ‘미니Mini’나 ‘허머Hummer’를 발명한 사람들은 벤치마킹을 해서 최고에 이른 게 아니다. 만일 남과 비교하는 것을 일삼았다면 이 멋지고 독특한 자동차들은 태어나지 못했을 것이다. 진정으로 통하는 것은 사소한 모든 것을 평범한 기준에 맞추는 것이 아니라 제품과 서비스의 모든 요소를 평균 이상으로 끌어올리고, 그중 한두 가지는 놀랄 만한 수준에 이르도록 해야 한다.

그러므로 이제 나도 벤치마킹에서 손을 뗄 것을 공개적으로 선언한다. 나의 최고 기록과 당신의 최고 기록, 모든 것의 최고 기록과 비교하는 일은 그만두겠다. 더는 아마존 사이트를 체크하지 않겠다. 모든 것을 벤치마킹하는 대신, 모든 일에 최선을 다하며 진정으로 리마커블한 무언가를 할 수 있는 용기를 찾을 때, 우리는 비로소 승리할 것이다.”

_세스 고딘, [이제는 작은 것이 큰 것이다], 21~22쪽

이제는 벤치마킹의 시대가 아닌 퓨처마킹의 시대라고 할 수 있다. 퓨처마킹은 미래를 내다보는 것에서 비롯되고, 벤치마킹은 과거의 성공한 제품, 성공한 프로세스, 성공한 사람들을 바라보는 것에서 시작된다. 당신은 과거를 쫓을 것인가? 아니면 미래를 쫓을 것인가?

애플의 아이폰에 세상 사람들이 열광한 이유가 무엇일까? 왜 인류는 기존의 고성능의 스마트폰들은 외면하면서도 스티브 잡스가 만든 애플의 아이폰에만 열광을 했던 것일까? 왜 아이폰은 인류에게 스마트폰 혁명을 가져다 줄 만큼 엄청난 위력의 혁신적인 제품이 될 수 있었던 것일까?

그 모든 질문의 대답은 단 한 가지이다. 애플의 아이폰은 그 어떤 제품도 벤치마킹하지 않았던 제품이었고, 휴대 전화로서도 기존의 모든 형식을 다 파괴한 제품, 즉 가장 차별화되고 독특하고 리마커블한 휴대폰이었기 때문이다.

애플의 아이폰은 달라도 너무나 달랐다. 기존의 휴대폰들은 개통할 때 고객들을 매우 번거롭게 한다. 하지만 그것이 정해진 룰이라고 우리는 생각했다. 중요한 전화나

메일도 개통하는 몇 십분 동안은 받을 수 없고, 통신사 대리점에서 그 시간 동안 기다려야 한다. 하지만 애플의 아이폰은 그럴 필요가 없었다. 대리점에서 누군가가 개통해 주는 기존의 폰과 달리 애플의 아이폰은 사용자가 직접 개통할 수 있도록 새로운 룰을 만들어 주었던 것이다. 그래서 사용자는 아이폰을 구입한 후 자신이 편리한 시간에 회사에서나 집에서나 어디에서나 직접 개통이 가능하게 되었던 것이다.

기존의 폰들은 사용자들이 컴퓨터를 사용하지 못하는 사람이더라도 차별하지 않는다. 하지만 애플의 아이폰은 컴퓨터를 사용하고 있는 사람들, 특히 컴퓨터에 아주 중요하고 유익하고 재미있는 정보와 자료들을 많이 가지고 있는 사람들에게 최고의 편리함과 놀라움을 선사해 주는 차별화된 컨셉으로 사용자들을 열광하게 만들었던 것이다.

기존의 스마트폰의 선발업체들이 스마트폰을 아무리 잘 만들어도 일반폰을 넘어서지 못 할 것이라고 예측하고 있을 때, 후발업체인 애플은 그 가능성을 아이폰의 판매를 통해 보여 주었던 것이다.

애플의 아이폰이 한 순간에 전세계 사용자들의 마음을 사로잡을 수 있었던 가장 큰 비결은 아이폰은 절대 벤치마킹을 하지 않았다는 것이다. 벤치마킹을 하게 되면 절대 앞서 나가는 기업과 제품을 뛰어 넘을 수 없으며, 사람들을 열광시킬 만큼 그들의 마음을 사로잡을 수 없다. 그것은 벤치마킹은 결국 남과 같아지고 평범해진다는 것을 의미할 뿐이기 때문이다.

벤치마킹을 온 힘과 정성과 에너지를 다해 한다 해도 벤치마킹의 가장 큰 단점은 결코 1등을 할 수 없다는 것이다. 그리고 결코 남과 다른 경쟁력을 가질 수 없다는 것이다. 인생에 있어서도 이러한 현상은 동일하게 발생한다.

남들이 모두 목숨을 걸고 가고자 하는 명문대에 간다고 해서 인생이 달라지거나 그것이 성공의 보증수표는 절대 아니다. 이제 벤치마킹의 시대는 저물어 가고 있다. 만약에 20세기의 위대한 과학자인 알버트 아인슈타인이 남들을 그대로 벤치마킹 하여 남들이 그토록 가고자 했던 명문대학을 목표로 죽으라고 공부하면서 청소년 시절을 보냈다면 어떻게 되었을 까?

최소한 남들과 똑같이 명문대 입학을 최고의 목표로 삼고 열심히 살았다면 그는 어른이 되기 전에 좌절을 했을 것이고, 어쩌면 자살을 했을 수도 있었을 것이다. 한국의 청소년 자살률이 세계적으로 가장 높아진 것은 바로 이것 때문이라고 할 수 있을 것이다.

" 이 아이는 기대할 것이 없습니다. 교실에 있으면 다른 아이들이 방해를 받으니 학교에 보내지 않았으면 합니다."

아인슈타인의 담임선생님이 아인슈타인의 부모에게 보낸 편지 내용 중에 일부이다. 이미 아인슈타인은 학교에서 지진아로 낙인 찍혔던 것이다. '될 성부른 나무는 떡잎부터 알아 본다 '라는 속담이 우리나라에 있다. 이 속담 때문에 수많은 천재가 될 수도 있었던 사람들이 평범한 사람이 되어 살아가고 있는 나라가 우리나라인지도 모른다.

아인슈타인이 천재 과학자로 성장할 수 있었던 한 가지 원인은 남들이 다 가는 길을 그대로 벤치마킹하지 않고 자신의 길을 스스로 개척해 나갔기 때문이다. 남들과 자신을 끊임없이 비교하면서 청소년시절을 보냈다면 아인슈타인은 스스로 열등감에 사로 잡혀 매몰되었을 것이다. 하지만 아인슈타인은 남들과 자신을 절대로 비교하지 않았다. 오히려 자신만의 길을 발견하고 개척해 나갔던 것이다.

아인슈타인처럼 위대한 삶을 살고, 눈부신 인생을 맞이하게 되는 사람들을 살펴보면 하나같이 절대로 남들처럼 그대로 벤치마킹이나 하면서 따라 가지 않았다는 것이다. 39세에 100억 부자가 된 이진우 씨도 남들과 다르게 자신만의 독창적인 삶을 개척해 나갔던 인물이다. 그는 자신의 저서인 [39세 100억 부자의 CEO 되는 법]이란 책을 통해서 획일화된 평범한 인재는 더 이상 필요하지 않는 그런 시대가 왔다고 주장한다.

" 우리 주변에는 명문대를 목표로 미친 듯이 공부를 하고 있는 수많은 학생들이 있다. 명문대에 들어가는 것이 가장 중요한 인생 목표이고 자신을 행복하게 만들어줄 것이며 성공으로 이끌어줄 것이라는 착각 속에서 그들은 시야를 넓혀볼 생각을 하지 않는다. 그러나 21세기 글로벌 사회에서는 획일화되어 있는 평범한 인재는 더 이상 필요하지 않다. 보다 독창적이고 아이디어가 충만한, 감성적인 인재가 더욱 더 절실하게 필요한 시대가 온 것이다.

모두가 어렵게 생각하는 비즈니스와 창업, CEO가 되는 길은 생각보다 훨씬 가까이에 있다. 우리의 인생에 가장 큰 영향을 주는 것은 학력이나 전공과목이 아닌 현실 속에서 부딪치면서 느끼는 경험의 콘텐츠, 나를 이끌어줄 수 있는 멘토, 마음속에 일어나는 용광로와 같은 열정, 감동의 목표, 뜨거운 사랑이다. "

결국 그가 가장 중요하게 생각하는 CEO 가 되는 방법은 '남이 가지 않은 길을 개척하라' 라는 것이다. 그래서 그는 우리들에게 많이 경험하고, 많은 책을 읽고, 많이 애기하고, 많이 접하고, 많이 생각하라고 주문한다. 베스트 CEO 들의 경영 방법을 그대로 베끼는 벤치마킹 대신에 그들에 대해 연구하고 공부하되 자신만의 독창적인 것으로 재탄생시켜야 한다고 강조한다.

한국은 누가 봐도 한강의 기적을 이룩한 고속 성장을 한 자랑스런 국가이다. 하지만 한국은 성공했지만 독특함이 없다. 너무 많은 한국인이 획일화 되어 있고, 평준화 되어 있고, 차별화 되어 있지 않다. 그것이 가장 큰 한국 사회의 약점이 될 수 있는 것이다.

한국 사회는 누군가 이미 만들어 놓은 길을 따라 왔다. 하지만 스스로 우리 나라에 가장 적합한 길을 만들어가야 할 필요성에 직면했다. 한국의 기업들조차 2등은 잘하지만 1등을 하라고 하면 도저히 하지 못 한다. 남들이 이미 만들어 놓아서, 존재하는 길은 누구보다 빨리 갈 수 있는 것이 한국 기업이지만 없는 길을 스스로 개척하라고 하면 도저히 못 하고 머뭇거리는 것이 한국 기업이다.

한국에 기업들이 굉장히 많지만 글로벌 기업으로 도약하는 기업의 수가 손가락에 꼽을 만큼 그토록 적은 이유가 바로 이것이다. 돈을 잘 벌지만 평범하기 때문이다. 평범한 기업들은 아무리 수익이 좋다고 해도 오래동안 살아남지 못 할 뿐만 아니라 고객들의 기억에서도 잊혀지게 된다. 코카콜라가 그토록 오랜 시간 장수하며, 세계적인 기업의 자리를 지키고 있는 원인은 바로 전혀 다른 기업이었기 때문이다. 남들이 전혀 가지 않았던 길을 스스로 개척했고, 독보적인 위치에 올랐던 것이다.

한국사회의 수많은 국민들이 타인의 삶을 따라가는 팔로워에서 이제는 스스로 자신의 삶을 개척해나가는 진정한 리더가 되어야 한다. 개인이든 기업이든 국가이든 창조력과 독창성이 필요한 이유가 바로 이것 때문이다.

미국의 경영자들 사이에서 가장 존경받고 있는 잭 웰치는 다음과 같은 말을 한 적이 있다.

“ 단순히 신제품을 빨리 내놓거나 효율성만 높이는 시대는 지났다. 한국도 혁신을 통해 전체 경쟁력을 키워야 한다. 한국은 혁신제품을 가져와 기능을 더하고 비용 효율성을 높일 뿐 새롭게 발명하는 것은 많지 않다. 창의적 아이디어나 혁신 제품을 개발한 사람에게 많은 보상을 해야 한다. 이들을 영웅, 스타플레이어로 대접해 역할

모델이 될 수 있도록 해야 한다.”

이제 벤치마킹을 하는 시대는 지나갔다. 이제는 창조해야 하고, 스스로 개척해야 한다. 그러기 위해서는 차별화된 창의적인 아이디어와 차별화된 전략을 스스로 만들어야 한다.

– 대담한 것은 천재성의 다른 이름이다

평범한 성공은 실패보다 못하다. 그리고 조심스러운 것은 맹렬한 편보다 못하다. 즉, 조심스럽게 사는 것보다는 맹렬하고 뜨겁게 사는 것이 더 낫다. 그 이유는 조심스럽게 사는 사람의 경우 절대로 운명을 헤쳐 나갈 수 있는 사람을 본 적이 없기 때문이다. 하지만 맹렬하고 뜨겁게 사는 사람들은 종종 운명까지도 정복하며 살아가는 것을 보았다.

이렇게 운명까지도 정복하는 사람들은 대개 뜨겁다. 그리고 맹렬하다. 이러한 열정이 그들에게는 무시 못할 막강한 에너지와 힘이 되어 주는 것이다. 그런 점에서 위대한 그 어떤 일도 뜨거운 열정 없이 이룩된 것은 하나도 없다는 말이 틀린 말이 아니다. 니콜로 마키아벨리 Niccolo Machiavelli 역시 이러한 사실에 대해 다음과 같이 말한다.

"내 견해로는 .... 조심스러운 것보다 맹렬한 편이 더 낫다.

운명이란
여자와 같아서 정복하고 싶다면 굴복시켜야 한다.

운명은
조심스럽게 접근하는 사람보다는
맹렬한 사람들에게 자신을 차지하도록 허용할 게 분명하다."

_니콜로 마키아벨리Niccolo Machiavelli

그의 말대로 운명의 특성은 강하게 찾고 구하고 두드리는 자에게는 쉽게 문을 열어주고 내어 준다. 하지만 반대로 조심스럽고 냉랭한 사람들에게는 절대 문을 열어 주지 않고 내어 주지 않는다.

성경의 말씀대로 이 세상은 '찾는 자들이 찾게 되고, 두드리는 자들이 열린 문으로 들어가게 되고, 구하는 자들이 얻게 되는 것'이 진리인 세상이다. 이러한 진리 외에는 다른 진리가 없다.

[파우스트]를 집필하는 데 평생을 투자한 독일 문학의 최고봉으로 평가받고 있는 천재 괴테는 이러한 명언을 남겼다. 필자가 가장 좋아하는 말이기도 하다.

"항상 네가 할 수 있는 것이나 할 수 있다고 꿈꾸는 것을 시작하라!
담대함 속에는 재능과 힘과 마법이 숨어 있다."

이 말처럼 대담하게 행동하는 사람에게는 남다른 힘이 느껴진다. 그리고 그러한 힘은 실질적인 능력으로 우리에게 다가온다. 마치 관성의 법칙이 자연의 세계에 있는 것과 다를 바 없다.

움직이지 않는 물체는 영원히 움직이지 않는 것을 좋아한다. 하지만 움직이게 되면 그 순간부터 움직이는 것을 더 좋아하게 된다. 이와 마찬가지로 인간도 역시 아무것도 하지 않을 때는 아무것도 할 수 없다. 하지만 무엇인가를 담대하게 행할 때 그것을 해낼 수 있는 힘도 더불어 서서히 생기게 된다.

세상에서 위대한 일을 해낸 위인들을 자세히 살펴보면, 아무것도 시도하지 않고 가만히 있는 데 저절로 그렇게 된 예는 한 번도 없다. 그 어떤 위인이나 천재라도 수도 없이 시도하고 무모하게 보일 만큼 높은 목표를 세워 놓고 그것을 향해 한발 한발 대담하게 진군해 나갔기 때문에 그러한 엄청난 일을 해낼 수 있게 되었던 것이다.

아무리 높은 태산이라도 지금 우리가 서 있는 곳에서부터 시작해야 하듯, 어떤 꿈과 목표라도 우리가 지금 처해 있는 열악한 환경과 조건 속에서 시작해야 하기 때문에 담대함이 반드시 필요하다. 그런 점에서 담대함은 천재로 도약하는 데 있어서 가장 근본적이고도 필수적인 요소이다.

모차르트가 음악의 천재로 도약하여 위대한 곡들을 작곡할 수 있게 된 것은 그가 표절과 같은 수준의 작곡일지라도 날마다 꾸준히 포기하지 않고 해 나가는 담대함이 있었기 때문이다. 이러한 사실을 잘 말해 주는 심리학자 마이클 호위의 [천재를 말하다]란 책을 보면, 모차르트가 아무리 음악의 신동이라는 말을 들었다 해도, 그의 천재성이 그저 생긴 것이 아니라, 십 년 이상 담대하게 작곡을 시도했던 노력과 연습의 결과물이라는 사실을 알게 된다.

"모차르트가 어린 시절에 작곡한 협주곡, 특히 처음 일곱 편의 피아노 협주곡은 다른 작곡가들의 작품을 재배열한 것에 지나지 않는다."

"현재 걸작으로 평가 받는 진정한 모차르트의 협주곡(협주곡 9번, 작품번호 271)은 스물한 살 때부터 만들어졌다. 이는 모차르트가 협주곡을 만들기 시작한지 10년이 흐른 시점이었다."

한 시대를 풍미했던 전설적인 록 밴드 '비틀즈' 가 위대한 대중음악의 전설이 될 수 있었던 것은 그들이 처음부터 천재들이었기 때문이 아니다. 그들은 초창기 모습은 실력이 형편없어서 아무도 주목하지 않는 무명의 록 밴드였다. 믿을 수 있겠는가? 믿기 힘들겠지만 이것은 사실이다.

그렇다면 어떻게 해서 그들은 한 시대를 풍미할 수 있는 전설이 될 수 있었을까? 그것은 그들이 무모할 정도로 담대하게 연주에 모든 것을 걸었기 때문이다. 그들은 실력도 없었고, 인기도 없었던 그 무명 시절에도 하루에 여덟 시간이라는 시간 동안 연주를 하고 또 했다. 그 어떤 인기나 미래도 보장되지 않았지만 그들은 담대하게 연습했다. 말콤 글래드웰의 [아웃라이어]를 보면 이런 사실에 대해 잘 설명해 놓고 있다.

"우리는 함부르크에서 하루에 여덟 시간씩 연주해야 했어요."

무모할 정도로 미래가 보장되지 않은 상황에서 무작정 연주를 하루에 여덟 시간씩 하라고 한다면 당신은 할 수 있겠는가? 주저하고 말 것이다. 하지만 주저하지 않고 대담하게 행동으로 보여준 사람들은 기적과 같이 천재로 도약하게 되었다는 사실을 잊어서는 안 될 것 같다. 이 책의 저자 말콤 글래드웰은 멍청한 학생이었던 빌 게이츠 역시 십대 시절 보다 나은 미래를 위해 공부에 열중하기보다는 담대하게 혹은 무모하게 그 당시에는 매우 생소한 프로그래밍 연습에 몰두했다는 사실을 언급하면서, 빌 게이츠가 십대 시절 마음껏 프로그래밍 연습하지 못했다면 지금 우리가 알고 있는 마이크로소프트사의 빌 게이츠는 탄생할 수 없었을 것이라고 말한다.

장 폴 샤르트르Jean Paul Sartre는 천재에 대해서 이런 말을 남겼다.

"천재는 재능이 아니라 절망적인 처지 속에서 만들어지는 돌파구이다."

그의 말에 100% 동감한다. 그렇다. 천재는 재능에 의해 만들어지는 것이 아니라 절망적인 처지 속에서 만들어지는 돌파구이다. 그리고 그러한 절망적인 처지 속에서 벗어나기 위해, 즉 돌파하기 위해 가장 필요한 것은 담대함이고, 담대한 행동이다. 그런 점에서 담대함은 또 다른 하나의 천재성의 의미를 내포하고 있다.

이런 점에서 필자는 위대한 성군인 세종대왕과 위대한 장군인 이순신 장군, 그리고 위대한 경영자인 이건희에게 공통점이 있다는 것을 발견했다. 그것은 바로 그들 모두 절망적인 처지 속에서 만들어진 돌파구라는 사실이다. 세종대왕과 이건희는 3남으로 태어나서 절망적인 처지 아래에서 왕이 되었고, 후계자가 되었다. 그들은 절망적인 상황을 돌파해내면서 천재로 도약하게 되었다고 할 수 있다. 이순신 장군 역시 조선 수군의 절망적인 처지 속에서 마지막 남은 희망이었다. 그는 그러한 조선의 절망적인 처지 속에서 만들어진 돌파구였던 것이다. 이순신이 패했다면 조선은 왜적을 물리치지 못했을 지도 모르기 때문이다.

이런 사실에 카를 폰 클라우제비츠는 다음과 같이 말했다.

"과감하지 않은 뛰어난 사령관이란 상상할 수 없다. 과감하지 않은 인물이 그와 같은 역할을 맡을 수는 없다. 그렇기 때문에 이 자질을 위대한 군 지휘관의 첫 번째 필수조건으로 꼽는다. 상급자가 되었을 때, 다시 말해 훈련과 경험이 영향을 미치고 변화를 가져온 후 이 같은 자질을 얼마나 간직하고 있는가는 또 다른 문제다. 남아 있는 과감함이 클수록 재능의 범위도 넓을 것이다."
_카를 폰 클라우제비츠

그의 말은 정확히 담대함이 곧바로 재능과 같은 성격의 특성이라는 것을 설명해 준다. 그러므로 우리는 우리 자신의 삶을 이끌든, 전쟁에 나가 군사들을 이끌든, 그리고 회사에서 직원들을 이끌든 과감해져야만 한다.

가장 신뢰하지 못하는 리더는 우물쭈물하며 우유부단하며 과감하지 않은 리더라는 사실을 명심하자.

- 남과 다르게 볼 때 인생의 기적은 시작된다

평범한 삶을 사는 사람에게는 절대 기적이란 것은 일어나지 않는다. 필자가 장담한다. 평범한 삶을 사는 사람은 기적적인 삶을 살아가지 못하는 사람들이다. 반면에 평범함을 거부하고 당당히 자신의 삶을 살아가고자 하는 사람에게는 반드시 기적이 일어난다. 평범함을 거부하고 당당히 살아가는 것 자체가 기적이기 때문이며, 이러한 기적은 더 큰 기적을 불러 오기 때문이다.

"인생을 사는 방법은 두 가지다. 하나는 아무 기적도 없는 것처럼 사는 것이요. 다른 하나는 모든 일이 기적인 것처럼 사는 것이다."

앨버트 아인슈타인의 말대로 인생을 살아가는 방법에는 크게 두 가지가 있다. 기적처럼 사는 것과 평범하게 사는 것이다. 당신에게 인생을 선택하라고 한다면 어떤 삶을 살고 싶은 가? 아마도 기적과 같은 삶을 선택할 것이다. 하지만 현실에서는 기적 같은 것은 없다고 하면서 살아가고 있을 것이다.

하지만 현실에서도 마찬가지로 기적 같은 삶은 반드시 있다. 하지만 당신이 현실에서 기적과 같은 삶을 살지 못하는 이유는 기적이 없다고 지레짐작하고 평범한 삶에 투항해 버렸기 때문이다. 누가 그렇게 했는데요? 라고 물어본다면 필자는 정확하게 대답할 수 있다.

그것은 바로 당신이다. 이 세상에 당신의 삶에 가장 큰 영향을 끼칠 수 있는 사람은 바로 당신이고, 당신을 뛰어넘어 훨씬 더 큰 영향을 끼칠 수 있는 사람은 존재하지 않는다. 그러므로 당신의 삶이 기적과 같은 삶을 살고 있든, 아니면 기적이라는 것은 도무지 싹도 발견할 수 없을 만큼 평범한 삶을 살고 있든 그 모든 것은 당신이 알게 모르게 선택한 삶이다.

미국과 영국에서 가장 큰 성공을 거둔 사람들 중에는 놀랍게도 난독증과 같은 학습장애로 고생하는 사람들이 적지 않다.

가장 괴짜 CEO로 유명한 영국의 버진그룹의 회장인 리처드 브랜슨은 난독증 장애를 가지고 있다. 그리고 그 뿐만 아니라 시스코 시스템즈의 존 체임버스, 투자회사를 운영하고 있는 찰스 슈왑 등이 대표적인 인물들이다.

그런데 놀라운 사실들은 평범한 사람들은 항상 남들과 똑같이 세상을 바라보기 때문에 그 어떤 새로운 기회나 아이디어를 얻기 힘든 반면에 이렇게 난독증을 가지고 있는 사람들은 남과 다르게 세상을 바라보는 방법을 자연스럽게 익히게 되어, 그러한 측면에서 더 큰 성공을 할 수 있게 되었다는 사실이다.

리처드 브랜슨이 남들처럼 책을 잘 읽었다면 남들의 사고방식과 사고의 틀을 자연스럽게 받아들여서 남들과 똑같이 세상을 바라보았을 것이다. 그래서 그렇게 되었다면, 즉 난독증 장애가 없었다면 그 역시 평범하게 대학교를 졸업하고, 평범하게 직장생활을 했을 것이다. 하지만 그에게는 남들이 잘 읽을 수 있는 그런 평범한 능력이 없었고, 그로 인해 세상을 다르게 바라볼 수 있는 능력이 생긴 것이다. 그 결과 그는 매우 괴짜이고 별나지만 세상을 변화시키는 그런 사업을 일으킬 수 있었고, 지금까지 승승장구하고 있다.

남들은 다 지구 안에서 여행하는 것을 생각하고 있지만, 그는 남과 다르게 심해를 여행하는 사업을 추진하고 있고, 심지어는 우주를 여행하는 사업도 이미 오래 전부터 추진하고 있다. 그의 경쟁력은 남들과 다르게 세상을 바라본다는 것이다

찰스 슈왑도 그와 비슷한 경험이 있다. 읽기에 항상 어려움을 많이 겪었던 그는 바로 그러한 자신의 약점인 난독증을 통해 세상을 남과 다르게 바라보는 방법을 익혀올 수 있었다고 한다. 그 결과 남들과 다르게 결단하고, 선택하고, 판단하고, 행동하기 때문에 남들보다 더 뛰어난 사업을 할 수 있었던 것이다.

세상을 남과 다르게 볼 때 우리의 삶과 미래에 기적의 씨앗은 심겨지게 되고, 싹이 트게 되어 눈부신 열매가 열

리게 된다. 행복과 성공의 씨앗은 남과 다르게 볼 줄 아는 데서 탄생하게 된다. 그래서 남과 다르게 볼 때 기적과 같은 인생은 시작된다고 할 수 있다.

세상과 관련된 모든 것들을 남과 다르게 보고 인식할 때 생각지도 못 한 놀라운 전략과 방법이 돌출 될 수 있다. 그래서 그러한 상상도 못 한 전략과 방법은 상상도 못 한 성과와 효과를 산출해 낼 수 있게 된다. 뿐만 아니라 남과 다르게 볼 수 있기 때문에 얻게 되는 새롭고 기발한 방법과 실천은 평범한 것을 실천할 때 보다 훨씬 더 즐겁고 편안할 뿐만 아니라 놀라운 힘과 에너지도 생성시켜 주는 효과도 있다. 그렇기 때문에 남과 다르게 볼 줄 아는 것은 강력한 힘을 가진 상대를 능가하고 승리하는 놀라운 전략 중에 하나가 될 수 있다.

지구상의 모든 사람들의 입에 회자되고 있는 칭기즈칸은 현재까지도 그 누구도 달서해 내지 못 했던 세계 정복이라는 프로젝트를 완성시킨 위대한 인물이다. 영하 20도의 매서운 삭풍으로 모든 것이 사라진 광활한 황무지에 당신은 대제국을 건설하겠다는 꿈을 꿀 수 있겠는가?

무슨 수로 아무것도 배우지도 못 한 무식한 사람에 불과한 사람이 세계 정복이라는 엄청난 일을 시도할 수 있었을 까?

그리고 과연 칭기즈칸은 어떻게 했기에 알렉산더 제국이나 로마 제국보다 더 넓은 영토를 그렇게 단 시간에 정복해 낼 수 있었던 것일까? 그의 비결과 원동력은 과연 무엇이었을까?

<뉴욕타임스>는 칭기즈칸을 '인류가 낳은 최고의 위인' 이라고 칭송했고, <타임>은 그를 '세계 인류사에 가장 큰 영향을 미친 인물' 이라고 평가했다.

그가 그렇게 위대한 업적을 이룰 수 있었던 것은 한 마디로 '남과 다르게 볼 줄 아는 능력' 이다.

모든 사람들은 전쟁에 대해 고정관념을 가지고 있다. 특히 과거에는 특히 더 그랬다. 전쟁을 하게 되면 다시는 가족들과 상봉하는 것이 불투명해 진다는 것을 말이다. 그리고 전쟁을 하게 되면 이제 죽은 목숨이라는 것이다.

전쟁이 장기화 되면, 이번 전투에서 생존한다고 해도, 다음 전투에서 어떻게 될지 모르고, 다음 전투에서 운이 좋아 생존한다고 해도 그 다음 전투에서 어떻게 될지 모른다. 그리고 이러한 전투를 수 백 번을 치러야 한다. 그렇게 수 백번을 치르고 나서도 생존해 있다면 꿈에도 그리던 가족들의 얼굴을 한 번이라도 볼 수 있는 천금같은 기회가 주어질 수 있는 것이다. 그렇기 때문에 대부분의 사람들은 꿈과 희망이 없다. 그저 전쟁에 끌려 다니게 되는 것이다. 가족과의 상봉이라는 것이 너무나 멀게만 느껴지기 때문이다.

전쟁을 일단 한번 시작하게 되면, 가족들과의 상봉, 가족들과의 식사, 가족들과의 일상생활은 참혹한 전쟁을 치르고 있는 사람들에게서 가장 꿈에 그리던 꿈같은 희망사항이 되어 버리지만, 전쟁을 하는 동안에는 하늘이 무너진 다해도 실현될 수 없는 그런 꿈인 것이다. 그리고 그것도 다행히 수 백 번의 전투에서 살아남아야 면 나중에라도 가능한 일인 것이다.

칭기즈칸은 전쟁에 대한 시각을 완전하게 바꾸어 놓았

다. 그는 전쟁에 대해 남과 다르게 보았고, 남과 다르게 경영을 해 나갔던 것이다. 이러한 사실에 대해 21세기 비즈니스 생존 전략과 성공의 비밀 코드를 칭기즈칸에게서 배울 수 있는 [칭기즈칸에게 배우는 22가지 비밀코드]라는 책에는 다음과 같이 설명을 해 놓았다.

“ 전쟁에 동원된 군사들은 희망도 꿈도 없이 전쟁터에 수동적으로 몸을 내던지는 것이다. 이런 군사들을 거느리고 전쟁에 임하면 백전백패의 결과가 나올 것은 뻔한 사실이다. 이러한 사실을 깨달은 칭기즈칸은 전쟁에 참여한 군사들을 3진으로 나누었다. 그리고는 그 군사들의 가족들이 머무는 게르를 전쟁터에서 후방 50킬로미터 정도에 위치하도록 했다.

1진의 군사들이 7일을 먼저 싸운 후 바로 가족들이 머무는 게르로 돌아가 휴식을 취하기도 하고 일상생활을 영위하는 동안 다른 2진의 군사들이 교대로 전쟁터로 투입되어 싸운다. 2진들이 싸운 후 게르로 돌아오면 대기하고 있는 3진이 또 다시 싸움터로 나간다. 3진이 돌아오면 휴식을 취한 1진이 교대로 전쟁터를 맡게 된다. 이처럼 한 단위의 부대가 21일 동안 7일 씩만 전투에 임하게 되는 셈이다.

가족들을 다시 재회하려면 반드시 살아 돌아와야 한다는 강인한 생존의식이 뇌리에 박히게 되고 7일간만 열심히 싸우면 또 다시 가족들과의 휴식이 기다리고 있으니 그 사기는 하늘을 찌를 듯 할 것이다. " < 111 ~ 112 쪽 >

6천 여자를 통해 무한한 승리 비법을 담은 중국의 [손자병법]에 보면, '적군에게서는 사기를, 적장에게서는 심리를 빼앗아라' 라는 말이 나올 정도로 전쟁을 치를 때 무엇보다 중요한 것은 군대의 사기이다. 그런데 칭기즈칸의 군대는 이 세상의 그 어떤 군대보다 더 사기가 높았다는 것을 우리는 쉽게 알 수 있다.

이뿐만 아니라 칭기즈칸은 군대는 다른 군대들이 도저히 상상도 할 수 없는 많은 차별화 전략을 통해, 그 어떤 군대보다도 빠른 군대가 되었다. 세계에서 가장 빠르고 가장 사기가 높은 군대가 세계에서 가장 큰 승리를 이루는 것은 어쩌면 매우 당연한 결과인지도 모른다.

– 성공을 넘어서라. 성공은 목적이 아니라 과정이다

우리들 대부분은 먹고 살기 위해, 좀 더 나은 환경에서 풍요롭게 살기 위해, 가지고 싶은 것을 좀 더 많이 가지기 위해 안간힘을 쓰면서 살아간다. 보다 나은 미래를 위해 현재의 고통과 수고를 기꺼이 인내하며 참아내며 현재의 행복을 잠시 접어놓고 미래의 더 큰 행복을 위해 모든 에너지를 쏟아 부으면서 살아가고 있다.

하지만 '이 모든 것이 정말 다 무슨 소용이 있는 것일까?' 80년을 산다고 가정해 보자.

초등학교부터 대학교 졸업 때까지는 공부 지옥에서 시달리면서 보다 나은 직장, 보다 나은 배우자, 보다 나은 대우, 보다 나은 지위, 보다 나은 환경, 보다 나은 조건을 추구하기 위해 공부라는 짐을 짊어지고 살아왔다.

하지만 이러한 공부는 진짜 공부와는 전혀 다른 학교 공부, 취직 공부, 자격증 공부, 어학 공부, 입시 공부에 불과하며 사람이 살면서 해야 하는 진짜 공부는 할 기회와 시간을 주지 않는다.

그렇게 공부라는 짐을 짊어지고 청소년기를 보낸 후에 그 보상으로 좋은 직장에 취직을 하고, 좋은 배우자를 만나서 결혼을 하고, 좋은 지위를 얻고, 좋은 환경에서 살아가게 된다. 하지만 진짜 경쟁은 그때부터이다.

좀 더 많은 돈을 벌고, 좀 더 높은 직위로 승진하기 위해 가족과 함께 보내는 시간보다는 회사에서 일하면서 보내는 시간이 압도적으로 많다. 그러면서 보다 나은 미래와 노후를 위해 지금 열심히 일을 해야 한다고 생각하며 그렇게 살아가고 있다.

그래서 40년 넘게 혹은 50년 넘게 일한 대가로 임원이 되고, 많은 돈을 번 사람은 소위 시쳇말로 성공했다고 한다.

몸도 다 늙어서, 친구도 없고, 가족도 없고, 이웃도 없는 60대를 전후해서 성공한다 한들 이 모든 것이 다 무슨 의미가 있을까?

우리의 진짜 인생은 20대이고, 30대이고, 40대이고, 50대이다. 그런데 그 시기 동안 먼 미래의 성공을 위해 즐기지 못하고 생계를 위해 노력하기만 하고, 일만 한다면 먼 훗날 60대와 70대 때 아무리 재미있고 즐겁게 잘 놀고 즐긴다 한들 평생 동안 일만 한 것이 보상이 될까?

철학자 헤라클레이토스는 말했다.

“그대는 똑같은 강물에 두 번 발을 담글 수는 없다. 왜냐하면 그대가 두 번째로 발을 담글 때는 그 물은 이미 흘러가 버렸기 때문이다.”

그의 말처럼 우리가 40대 때 누릴 수 있는 가족과 함께 하는 시간과 행복은 아무리 돈이 많이 있다고 해도 당신이 60대가 되어 똑같이 누릴 수 없는 것이다. 40대 때의 가족, 40대 때의 친구, 40대 때의 건강은 60대 때와 전혀 다르기 때문이다. 또한 60대 때의 가족, 60대 때의 친구, 60대 때의 건강은 80대 때의 그것들과 전혀 다르다.

그러므로 우리는 성공을 추구하는 성공의 노예된 삶에서 벗어나야 한다. 성공을 넘어서야 한다. 성공을 넘어서기 위해서는 성공을 우리가 평생 추구해야 하는 최대의 목적으로 정의하는 것에서 벗어나야 한다. 그저 성공을 목적이 아닌 창조적이고 역동적인 삶의 여정이라고 생각해야 한다.

여행이 처음부터 끝까지 즐거울 수 있는 이유는 출발하는 순간부터 다시 돌아오는 그 순간까지의 모든 여정을 여행이라고 정의하였기 때문이다.

우리의 인생을 살아가는 방법에는 두 가지가 있다. 무엇인가를 끊임없이 추구하고 얻기 위해 살아가는 삶과 무엇인가를 추구하지 않고 현재의 삶을 즐기고 누리면서 현재를 살아가는 삶, 이 두 가지 삶 중에 하나를 우리는 살아가고 있을 것이다.

안타깝게도 대부분의 사람들은 첫 번째 삶을 살아가고 있다. 그래서 그러한 삶을 돈이나, 성공이나, 명예나, 권력이나, 부귀나 높은 직위 같은 것들을 추구하고 얻기 위해 안간힘을 쓰면서 살아간다. 그렇게 살아가기 때문에 현재의 여정을 즐기지 못하고, 과정을 누리지 못하면서 살아가게 되는 것이다. 그것은 노예의 삶이고, 속박의 삶이고, 추구하고 갈망하는 삶이다.

하지만 두 번째 삶은 현재 자신이 하고 있는 일을 하면서, 그것을 즐기고 누리면서 살아가는 삶이다. 그렇기 때문에 그러한 삶에는 쉼이 있고, 기쁨이 있고, 즐거움이 있게 되는 것이다. 그렇게 쉼이 있고, 기쁨이 있고, 즐거움이 있기 때문에 감사하는 삶을 살게 되고, 나누어 주는 삶을 살게 되고, 만나는 사람들에게 친절과 아량을 베풀어 줄 수 있는 삶이 될 수 있는 것이다.

지금 우리의 삶이 너무나 각박해져 가고 있고, 저질이 되어 가고 있고, 막장이 되어 가고 있는 이유는 대부분의 사람들의 삶 속에 쉼이 없고, 기쁨이 없고, 즐거움이 없고 감사가 없기 때문이다. 그렇기 때문에 대부분의 사람들이 고단한 삶을 살면서 이 세상의 거대한 풍파에 이리 치이고 저리 치이면서 살아가고 있다. 이런 점에서 그리스 철학자 플라톤은 다음과 같은 말을 했다.

"친절해라. 우리가 만나는 사람은 모두 힘든 싸움을 하고 있다."

다시 말해, 평범한 삶은 보다 나은 성공을 추구하는 삶이다. 하지만 비범한 삶은 성공을 넘어서는 삶이다. 성공을 인생 최대의 목적이 아니라 한단계 한단계 지나가야 하는 인생의 과정으로 생각하자.

그것이 정말 힘들다면 성공 또한 예측가능하면, 배울

수 있는 것이며, 관리할 수 있는 것이라고 생각해 보자. 이렇게 말이다.

– 탁월하게 되는 데 걸리는 시간은 단 1 초이다

톰 피터스의 [미래를 경영하라]에는 이런 말이 나온다.

"당신이 탁월하게 되기까지 얼마나 많은 시간이 걸릴까요?"

정답은 단, 1 분이다.
왜 1분이면 우리들이 탁월한 존재로 거듭나게 되는 것일까? 여기에 대해 톰 피터스는 다음과 같이 말한다.

"간단합니다. 지금부터 모든 일을 탁월한 방식으로 하겠다고 결심하면 됩니다."

그의 말은 우리에게 너무나 확고한 삶의 방식을 제시

해 준다. 신선하고 독특한 그의 주장대로 탁월한 존재로 거듭나기 위해서는 단 1분이면 충분하다. 문제는 그러한 결심을 하느냐 안 하느냐이다.

지금부터 모든 일을 탁월한 방식으로 하겠다고 결심할 수 있는 사람은 자신의 가능성을 의심하지 않고 믿을 수 있는 사람이다. 그런 점에서 자기 자신에 대한 자아상이 가장 중요하다. 당신은 어떤가?

당신이 낙관주의자이든 비관주의자이든 이것 하나는 분명하게 명심하도록 하라. 당신이 자신을 믿는 만큼 당신은 이룰 수 있고, 탁월해 질 수 있다.

당신은 어느 정도 탁월해 질 수 있다고 믿는가? 그 믿음대로 된다는 것은 불변의 진리이다.

그래서 '자신의 가장 나쁜 적은 자신이다.' 라는 말이 생긴 것이다. 자신을 가장 무기력하게 만들고 별 볼 일 없는 시시한 존재로 전락시키는 것은 이 세상의 그 어떤 것도 아닌 바로 당신 자신이기 때문이다.

지금부터 모든 일을 탁월한 방식으로 하겠다고 결심하는 순간 이 우주도, 이 세상도 당신을 도와 줄 것이며, 굳게 닫힌 문도 활짝 열어 줄 것이다.

중국의 역사를 집필한 위대한 역사학자 사마천의 [사기

史記]에 보면 이런 말이 나온다.

"결단을 가지고 행하면 귀신도 겁을 먹고 피한다."

서양의 위대한 철학자 데카르트도 결단에 대해 이러한 말을 했다.

"결단을 내리지 않는 것이야 말로 최대의 해악이다."

동양의 위대한 철학자이자 고대 중국의 전국시대 한나라의 사람인 한비자는 결단하지 못하는 것이 얼마나 어리석고 나약한 행동인지를 다음과 같은 문장으로 표현한 바 있다.

"오리를 걷는 동안 일을 결단할 수 있는 자는 능히 왕이 될 수 있는 자다.
구리를 걷는 동안 결단할 수 있는 자는 왕은 될 수 없지만 강한 자임에는 틀림이 없다.

일을 결정하는 데 우물쭈물 날짜를 보내고 있다면 정

치가 정체되기 때문에,

나라가 깎기는 결과를 초래 할 수 있다.

결단의 순간이 빠를수록 그대의 운명은 좋게 결정된다."

_한비자

이처럼 결단하지 못하는 것은 가장 어리석고 나약한 자의 대표적인 행동이다. 그러므로 자신이 탁월한 존재가 되겠다고 지금 당장 결단하라. 결단하게 되면 없던 힘과 능력과 재주가 생겨난다.

위대한 대문호인 괴테 역시 결단하고 실천할 때 천재성과 힘과 마법이 생겨난다는 사실을 잘 알고 있었던 인물임을 그의 말을 통해 알 수 있다.

"그대가 할 수 있는 것이 있는가?

아니, 할 수 있을 것 같다는 생각이 드는 것이라도 상관없다.

그런 것이 있다면,

바로 시작하라.

(결단하고 실천하는) 용기 속에는 그 일을 능히 이루도

록 만들어 주는

천재성과 힘과 마법이 모두 숨겨져 있다."

_괴테

괴테도 역시 우리가 천재가 되고, 힘과 마법을 가지고 있는 위대한 존재가 되는 것은 자신이 할 수 있을 것 같다는 생각이 드는 것이 있다면 결단하고 시작할 때라고 말한다.

– 기적은 일어나는 것이 아니라 만드는 것이다

우리가 인생을 살면서 잊어서는 안 되는 중요한 사실은 하루하루 살아가는 평범한 일상이 모여서 일생이 된다는 사실이다. 다시 말하면, 작고 보잘것없는 것들이 모여서 결국에는 위대한 것이 만들어진다는 말이다.

바로 눈앞에 있는 태산과 바다를 보라. 저 큰 태산이 만들어진 것은 바로 작은 흙 한줌도 마다하지 않았기 때문이고, 저 큰 바다가 바다를 이룰 수 있었던 가장 큰 원인은 작은 한 컵의 물이라도 마다하지 않았기 때문이다.

"태산은 단 한줌의 흙도 마다하지 않았기에 그 높음을 이룰 수 있었고, 하해河海(큰 강과 바다)는 작은 물줄기도 가리지 않았기에 그 깊음을 이룰 수 있었습니다."

초나라 출신의 이사가 쓴 명문 [간축객서諫逐客書]에 나오는 구절이다. 흙 한줌이 태산이 되는 것은 기적이지만, 태산은 그러한 흙 한줌으로부터 시작되었다.

천릿길을 가더라도 한걸음부터 시작해야 하듯, 인류가 이룩한 엄청난 위업은 모두 작고 보잘것없는 한걸음부터 시작되었다. 인류 역사를 통틀어 엄청난 위업들은 모두 일어나기를 기다리고 있었기에 일어난 것이 아니라, 무모하게 보이더라도 한걸음 한걸음씩 전진해 나가는 사람에 의해 만들어진 것이다.

고대 그리스 정치가 데모스테네스는 다음과 같은 말을 했다.

"작은 기회는 큰 기회의 시작이 된다."

그의 말처럼 작고 보잘것없이 보이는 기회나 일이지만 시작하고 지속하다보면 그것이 모이고 축적이 되어 위대하고 큰 기회나 일로 이어지게 된다는 사실을 우리는 알아야 한다.

기적은 일어나는 것이 아니라 우리가 스스로 만들어나가야 하는 것이다. 그리고 우리가 만들어나갈 수 있는 기적은 날마다 우리가 하는 작고 소소한 일들이 축적되고 융합되어 합쳐질 때 기적과 같은 거대한 결과를 얻을 수 있게 되는 것이다.

40이 다 되어 가는 어떤 평범한 직장인이 한 명 살고 있었다. 그는 누가 봐도 평범한 학교를 졸업했고, 평범한 중소기업을 다녔다. 평범한 집에 평범한 차를 타고, 평범한 여자와 결혼해서 평범한 결혼생활을 하며 살았다. 그런데 그가 갑자기 회사 다니는 것이 싫어졌다. 싫어졌다기보다는 더 하고 싶은 일이 생겼다. 그것은 바로 작가가 되는 일이었다.

하지만 그 남자는 평생 글이라고는 학창시절 때 숙제로 일기를 쓴 것 말고는 써 본 적이 없는 그런 사람이었다. 뿐만 아니라 평생 직장생활을 했고, 이제 나이도 중년이다 되어 버렸다. 객관적으로 봐서 그가 작가가 된다는 것은 불가능해 보였다.

세상은 그렇게 호락호락하지 않다. 먹고 살아야 하고, 생계를 위해서 일을 해서 돈도 벌어야 하고, 자녀들을 대학교까지 보내야만 한다.

처음부터 그 남자가 작가가 되는 그런 기적과 같은 목표를 향해 뛰었다면 아마도 몇 년 안에 탈진해 버렸을 것이다. 하지만 그 남자는 큰 목표를 생각하기보다는 하루에 달성해야 할 작은 목표에만 집중을 했고, 그것을 지켜 나가기 위해 애를 썼다.

그가 하루하루의 목표로 삼는 것은 5권의 책을 매일 읽고, 5페이지 분량의 글을 쓰는 것이었다. 글의 수준이나 내용은 문제 삼지 않았다. 하루하루 글을 쓴다는 것과 책을 읽는다는 것에 집중했다.

평범한 중년의 직장인이 그렇게 하루하루의 목표를 달성해 나가면서 3년 정도의 세월이 흐르자, 놀랍게도 그 사람은 이제 더 이상 평범한 직장인이 아니었다. 그는 이미 여러 권의 책을 출간한 전업 작가가 되어 있었던 것이다.

40년 동안 글쓰기와 무관한 공대를 졸업하고, 그런 분야에서 일을 해 온 중년 남자가 3년 만에 전업 작가로 성공적으로 변신에 성공했던 것이다. 시작과 끝만 본다면 분명 기적과 같은 일이다. 하지만 그 과정을 들여다보면 날마다 책을 읽고, 글을 쓰는 작고 소소한 일들이 모이고 모여서 결국에는 큰 바다가 되었다는 것을 알 수 있다.

만약에 그 중년 남자가 기적이 일어날 것을 기대하며 기다리고만 있었다면 10년이 지나도, 20년이 지나도 그러한 기적을 일어나지 않았을 것이다. 하지만 그 중년 남자는 작고 보잘것없는 사소한 일들을 매일 해 나감으로써 결국에는 기적을 만들어 내었던 것이다.

이처럼 기적은 일어나는 것이 아니라 우리 스스로 만들어 나가야 하는 것임을 명심하자.

제 3 부. 작은 것이 큰 것이다.

“주류인 동시에 비주류의 세계를 이해 할 수 있어야 한다. 당신은 골리앗이 될 수 있지만 항상 다윗처럼 생각하고 행동해야 한다.”
_나이키, 스타벅스 마케팅 책임자, 스콧 베드베리

“행복에 이르는 길은 우리를 얽매는 ‘채움’이 아니라, 우리를 자유롭게 하는 ‘비움’이다.”
_미하엘 코르트

“혁명 그 자체는 작은 일이 아니지만, 작은 일에서 발생한다.”
_아리스토텔레스

– 작은 것이 큰 것이다

소설가 양귀자 씨는 우리의 인생을 결정짓는 것은 크고 거창한 것이 아니라 실금과 같은 작고 하찮은 것이라는 사실을 놀라운 통찰력으로 문학적인 필체로 자신의 글에서 회고한 적이 있다.

"작은 실금에도 불현 듯 둑은 무너지고 물은 범람한다. 깃털 같은 눈송이도 쌓이면 지붕을 가라앉히고 거목을 쓰러뜨리듯 우리들 삶은 늘 하찮은 것으로부터 커다란 것을 일궈낸다."
_양귀자

엄청나고 거대한 둑을 무너뜨리는 것은 작은 실금과 같은 하찮은 것이다. 거목을 쓰러뜨리고 지붕을 가라앉히는 것도 깃털 같은 작은 눈송이들이다. 우리의 삶도 역시 이와 다르지 않다. 작고 하찮은 것들이 우리의 삶을 좌우하는 것이다.

작고 사소한 것이 큰 결과를 초래한다는 사실을 가장 극적으로 보여주는 예는 미국의 범죄 심리학자인

제임스 윌슨과 조지 켈링이 1982년 3월에 월간잡지 'Atlanta' 에 공동 발표한 사회 무질서에 관한 이론인 '깨진 유리창 법칙' 이다. 아주 작고 사소한 깨진 유리창 하나를 방치해 놓으면, 그 작고 사소한 하나의 깨진 유리창 때문에 범죄가 확산되기 시작한다는 이론이다. 깨진 유리창 하나를 방치하면 결국 그 건물에서는 절도나 강도와 같은 강력범죄가 일어날 확률도 매우 높아진다. 심지어 나아가서는 도시의 무법천지와 같은 엄청난 결과를 초래할 수도 있다.

작은 것이 우리의 생각보다 훨씬 더 큰 것이 되는 것은 이러한 유리창 현상뿐만이 아니다. 우리에게 성공으로 향할 수 있게 해주는 기회도 마찬가지이다. 기회는 모든 사람들이 알아차릴 정도로 시끌벅적하게 다가오지 않는다. 오히려 너무 작고 사소해 보이기에 금방 왔다가 금방 사라져 버린다. 그래서 수많은 실패하는 사람들의 공통점인 거창하고 중요하고 좋은 기회만 하염없이 기다리다가 정작 아무것도 시도해 보지 못한 사람들과 달리 성공하는 사람들은 작고 하찮게 보이는 기회라도 놓치지 않고 차곡차곡 자신의 것으로 만들어가며 마치 저축을 하듯이 작고 보잘것없는 작은 기회들을 성공이라는 은행

창고에 쌓아간다. 더 중요한 사실은 어제의 하찮고 작은 기회들을 놓치지 않고 모아 두면 그것이 오늘이 되면 더 큰 기회의 강을 건널 수 있는 다리가 되어 주며, 높은 하늘로 날아 오를 수 있게 해주는 날개로 변하는 경우가 많기 때문이다. 그래서 작은 것을 소중하게 여기는 삶의 태도가 중요한 것이다.

성공한 사람들은 모두들 운이 좋았다고 말한다. 그런데 그들이 그렇게 말하는 토대가 되어 준 것이 바로 이런 것 때문이다. 누구나 가볍게 여길 수 있는 작고 하찮은 그때의 그 작은 기회를 놓치지 않고 붙잡았을 뿐인데 그 결과는 엄청난 기회로 이어지는 것을 몸소 경험했기 때문이다.

세스 고딘은 자신의 책 [이제는 작은 것이 큰 것이다 SMALL IS THE NEW BIG]에서 이제는 더 이상 크다는 것이 장점이 아니라는 사실을 깨달아야 한다고 말한다. 그는 이제는 작은 것이 큰 것이라고 말한다. 사물이 만들어지고 회자되는 방식에 일어나고 있는 최근의 변화는 크다는 것이 더는 장점이 아니라는 사실을 일깨워 주고 깨닫게 해준다는 것이다. 그리고 더 중요한 한 가지 사실은 그 반대, 즉 크게 되고 싶다면 작게 행동해야 한다는 사실이라고 그는 주장한다.

그가 처음으로 회사를 차렸을 당시, 그에게는 두 가지 신념이 있었다고 한다. '생존이 곧 성공이다.' 와 '최고의 프로젝트를 단 하나씩만 맡는다.' 라는 것이었다. 그리고 그는 완전히 망하는 것을 잘 막아내고, 늘 바쁘게 움직이기만 한다면 결국에는 모든 게 잘 풀릴 것이라고 생각을 했다. 그리고 규모를 좀 더 키워 직원을 많이 고용하고 그들을 바쁘게 활동하게 하면 성공하게 될 것이라고 생각했다. 하지만 그는 무조건 많은 일을 하고, 바쁘게 움직이고, 규모를 키우고, 확장하는 것이 곧 성공을 의미하는 것은 아니라는 사실에 대해 깨닫게 되었다고 한다.

"당신의 목표가 '크게 되는 것' 이라면 닥치는 대로 일을 벌이는 것이 맞다. 다수를 겨냥해 가격을 책정하고, 공장을 최대한 크게 짓고, 가능하면 빨리 움직이는 것이 크게 되는 지름길이다. '크게 되는 것' 과 '성공' 이 같은 의미라면 당신은 틀림없이 성공할 것이다.

그러나 우리 중 규모가 곧 성공은 아니라는 사실을 이

미 깨달은 사람도 많다. 그들은 성공을 재정의 했다. 아마도 당신은 자신이 무슨 일을 누구와 해야 할지에 대해 좀 더 까다로워져야 할 것 같다.

얼마 전 내가 만난 부동산 개발업자 댄은 자신이 1년에 한 건씩 새로운 투자를 한다고 말했다. 그의 경쟁자들은 같은 기간에 수십 수백건씩 투자하는 경우가 다반사인데 말이다. 그런데 댄이 나에게 한 이야기는 긴 여운을 남겼다.

"해마다 우리는 천 건 이상의 거래를 검토합니다. 그중 백 건은 꽤 괜찮습니다. 그리고 그중 한 건은 최곱니다."

최고의 거래만을 함으로써 댄은 닥치는 대로 거래했을 때에 비해 몇 배의 수익을 올리고 있다. 규모를 키우는 것이 목표가 아닌 까닭에 알짜만을 선택할 수 있는 것이다."

_세스 고딘, [이제는 작은 것이 큰 것이다], 101~102쪽

그의 말처럼 무조건 크고 많은 것이 더 좋은 것도 아니며 더 수익이 높은 것도 아닐 뿐만 아니라 성공도 아니다. 오히려 작은 것이 큰 것보다 훨씬 더 많은 유익함이

있다는 것도 그의 다음과 같은 주장을 통해 좀 더 확실하게 알 수 있다.

“지난 6년 동안 나는 단 한 명의 직원만을 고용했다. 바로 나 자신이다. 그리고 이것은 나의 직업 생활을 전혀 예상치 못했던 방향으로 바꾸어 놓았다. 가장 큰 변화는 다음과 같다.

1. 흥미로운 프로젝트의 종류가 완전히 달라졌다. 이제는 회사 전체를 먹여 살릴 만큼 전략적이거나 대규모이거나 수익성이 높을 필요가 없다. 그저 말 그대로 흥미롭거나 재미있거나 내 독자에게 이롭기만 하면 된다.

2. ‘위험’의 개념도 달라졌다. 나는 전자책e-book을 쓰고 남들이 정신 나갔다고 말하는 방식으로 출판한 다음 그게 어떻게 되는지 가만히 지켜볼 수 있게 되었다. 반신반의하는 사업 모델로 닷컴 기업을 세운 다음 어떻게 되는지 지켜볼 수도 있다. 들어가는 비용이 대규모 조직에 비하면 새 발의 피나 다름없기 때문에 아무런 제한도 받지 않고 해 보고 싶은 대로 할 수 있게 되었다.”

_세스 고딘, [이제는 작은 것이 큰 것이다], 282~283쪽

직원이 바로 자신인, 즉 단 한 명으로 이루어진 이 세상에서 가장 작은 기업의 직원이 되어 경험하게 되는 직업생활은 그의 말처럼 기존의 전통적인 직업생활과 다른 것이다. 그리고 무엇보다 더 중요한 사실은 작은 회사라고 해서 작은 일만 한다는 뜻도 아니며, 작은 회사라고 해서 큰 회사보다 수익이 작다는 것을 의미하는 것도 아니라는 사실이다.

이제는 작은 회사가 큰 회사보다 더 많은 수익을 올리는 경우가 흔해졌다. 작은 것을 운영하는 사람들이 크게 생각한다면 그 작은 것은 결코 작은 것이 아니라 큰 것을 운영하면서 크게 생각하는 사람보다 더 크고 빠르고 강한 것이 된다.

그러므로, 큰 골리앗이 아니라 작은 다윗이 되라. 그리고 작다는 것의 수많은 유익함을 누려 보라. 전혀 다른 세상을 경험하게 될 것이다.

– 좋든 싫든 당신은 '나 주식회사'의 CEO이다

우리는 우리의 의지대로 우리 자신으로 태어나지 않았다. 우리가 왜 우리 자신으로 태어나게 되었는지는 아무도 모른다. 하지만 분명한 한 가지 사실은 있다. 그것은 우리는 모두 우리 자신의 삶에 책임을 져야 한다는 것이다. 우리가 어떤 재능을 가지고 있든, 혹은 어떤 재능이 조금도 없든 상관없이 우리는 우리 삶을 꾸려 나가야 한다. 중요한 것은 우리의 인생도 기업처럼 경영을 잘 해내면 작은 자원이나 자본, 재능을 가지고 있어도 크게 성공할 수 있다는 것이다. 그런 점에서 우리는 좋든 싫든 모두 '나 주식회사Me,Inc.'의 CEO인 것이다.

이런 사실에 대해 스콧 벤트렐라는 저서 [CEO처럼 나를 경영하라]에서 다음과 같이 설명한다.

"만약 별 볼일 없는 그렇고 그런 회사의 CEO로 임명되었다면 어떻게 하겠는가? 손에서 모래가 빠져나가듯 돈이 사라져 가는 것을 그저 멀뚱히 보고만 있을 것인가? 직원들이 사표를 던지고 주가가 바닥을 헤어나지 못하는데도 우두커니 서 있기만 할 것인가? 절대 그럴 수는 없을 것이다. 당연히 회사 조직에 활기를 불어넣고 사업을 일으킬 계획을 세워 실행할 것이다. 다시 말해, 공격적인 경영을 도입할 것이다.

좋든 싫든 우리는 누구나 ‘나 주식회사Me,Inc.’의 CEO이다. 우리는 이미 각자의 인생이라는 사업의 주인인 자신에게 고용되었다. 핵심은 이것이다.”

_스콧 벤트렐라, [CEO처럼 나를 경영하라], 5쪽

그렇다. 핵심은 이것이다. 우리는 좋든 싫든 우리 자신의 인생을 스스로 개척해 나가야 하고, 끌고 나가야 하는 ‘나 주식회사’의 CEO이다. 물론 이 회사는 이 세상에 존재하는 회사들 중에서 가장 작은 단위의 회사이다.

하지만 가장 작은 회사인 ‘나 주식회사’를 제대로 잘 경영하게 되면, 이 세상에서 가장 큰 회사도 잘 경영할 수 있는 경영자가 될 수 있다. 이건희처럼, 스티브 잡스처럼, 빌 게이츠처럼, 워렌 버핏처럼, 리처드 브랜슨처럼 말이다.

‘나 주식회사’는 가장 작은 단위의 회사이지만, 우리 인생에서 가장 중요한 기초가 되어 주는 회사이다. 우리가 이처럼 가장 작은 단위의 회사를 잘 운영해야 하는 이유는 이 회사가 우리의 인생을 대변해 주는 것이기 때문이다.

‘인생은 짧고 소중하다. 그렇기 때문에 한번뿐인 인생을 살아가야 하는 우리 자신에게 우리는 최고의 회사를 선물해 주어야 한다.’

이것이 필자의 주장이다. 그리고 이렇게 하기 위해서는 날마다 공부와 독서를 하면서 자신을 성장시켜 나가야 하고, 바른 결정과 선택으로 어제와는 다른 삶을 살아야 한다.

‘나 주식회사의 CEO’ 가 된다는 것은 무엇을 하든, 무엇이 되든 최고의 자신이 되고, 최고가 된다는 것을 의미한다. 그리고 그렇게 최고가 된다는 것이 어떤 것인지에 대해 우리는 미국의 명상시인 더글러스 말록Douglas Malloch의 ‘무엇이 되던 최고가 되어라’ 라는 그의 유명한 시를 통해 자세하게 알 수 있다.

“Be the Best of Whatever You Are (무엇이 되던 최고가 되어라)

If you can’ t be a pine on the top of the hill,

언덕 꼭대기에 선 소나무가 되지 못한다면

Be a scrub in the valley－but be

골짜기의 관목이 되어라. 다만

The best little scrub by the side of the rill;

개울가 작은 관목 가운데 최고의 관목이 되어라.

Be a bush, if you can’t be a tree.

나무가 되지 못한다면, 덤불이 되어라.

If you can’t be a bush, be a bit of the grass.

덤불이 되지 못한다면, 풀이 되어라.

And some highway happier make;

풀이 되어 큰 길 기분 좋게 꾸며라.

If you can’t be a muskie, then just be a bass.

커다란 머스키(북미의 담수에서 사는 가장 큰 포식 어류)가 되지 못한다면,

차라리 베스(호수나 하천에서 새우 종류나 작은 어류를 먹는 물고기)가 되어라.

But the liveliest bass in the lake!

다만 연못에서 가장 힘차게 펄떡거리는 베스가 되어라.

We can’t all be captains, we’ve got to be crew.
모두 다 선장이 될 수 없으니, 선원도 되어야 한다.
There’s something for all of us here.
우리 누구에게나 해야 할 일이 있다.

There’s big work to do and there’s lesser to do
큰 일도 있고, 작은 일도 있으나
And the task we must do is the near.
우리가 해야 하는 일은 우리에게 주어진 일.

If you can’t be a highway, then just be a trail,
큰 길(고속도로)이 아니라면, 오솔길(철로)이 되어라.
If you can’t be the sun, be a star;
태양이 아니라면, 별이 되어라.

It isn’t by the size that you win or you fail-
이기고 지는 건 크기로 되지 않는 법.
Be the best of whatever you are!

무엇이 되던 최고가 되어라."
_더글러스 말록, [무엇이 되던 최고가 되어라]

이 멋진 시를 통해 우리는 '나 주식회사의 CEO'가 어떤 길을 가야 할 것인지에 대해 배울 수 있다. 크기가 중요한 것이 아니라, 높은 지위가 중요한 것이 아니라 우리 자신이 가장 멋지게 해 낼 수 있는 바로 그것을 하면서 그것에 최고가 되는 것이 가장 중요하다는 사실을 명심하자.

– 비교하지 않는 삶을 살아라

우리가 날마다 기쁨과 즐거움이 상실되고, 감사와 평안이 없는 삶을 사는 가장 큰 이유는 우리의 현재를 남과 비교하기 때문이다. 우리는 늘 자기보다 더 나은 삶을 사는 사람과 비교를 하기 때문에 자신의 가치관이나 생각보다 타인의 시선과 타인의 삶을 기준으로 자신의 삶을 평가한다. 그렇게 하기 때문에 우리는 행복하게 살 수 있음에도 행복하지 못 한 채 살아가고 있는 것이다.

우리가 남과 비교하지 않는 삶을 살 때, 남보다 돈이 적다해도 그 돈에 연연해하지 않을 수 있다. 우리가 그렇게 살 때, 돈에 매인 삶을 살지 않을 수 있게 된다. 그리고 그렇게 살 때만이 우리는 우리가 진정 가치 있다고 생각하는 자신의 길을 변함없이 꿋꿋하게 나아 갈 수 있게 된다.

위대한 명인이나 거장들은 바로 이러한 특성을 모두 가지고 있다. 그 결과 그들은 평생 동안 자신의 길을 한 눈 팔지 않고 갈 수 있게 되었던 것이다.

남과 비교하지 않는 삶을 산다는 것은 자신의 작은 길을 끝까지 고수하는 것이며, 자신의 작은 길을 이 세상의 큰 유혹과 맞바꾸지 않는 것이다. 자신의 작은 길을 이 세상의 그 어떤 큰 것보다 더 크다고 생각하는 것이다. 그 결과 크고 위대한 업적을 성취해 낼 수 있게 된다.

이러한 대표적인 사례로 일본의 다나카 고이치를 들 수 있다. 그는 정말로 남과 비교하지 않는 삶을 살았다. 그리고 그는 자신이 좋아하는 작은 자신의 길을 묵묵히 걸어갔다. 그런데 노벨상 수상이라는 큰일을 해 낸 것이다.

그가 처음 노벨상 수상자로 발표가 났을 때, 일본의 유명한 학자들과 많은 사람들은 이구동성으로 입에서 내뱉은 말이 있었다.

“다나카 고이치! 이 사람이 어떤 사람이야? 누구야?”

학계에서도 너무나 뜻밖이었다. 석사도 아니고 박사도 아니기 때문이었다. 그저 무명의 학사였고, 지방대 출신이었으며, 작은 중소기업에서 승진도 제대로 못하고 만년 주임으로 연구원으로 오랫동안 살고 있는 그런 평범한 아니 열등한 직장인에 불과했기 때문이다.

그의 삶은 남과 비교하지 않고, 자신이 좋아하는 연구직만을 붙잡고 세상적인 승진이나 타인의 시선에는 전혀 연연해하지 않았다. 이처럼 남과 비교하지 않는 삶을 사는 사람은 큰 인생을 살아 갈 수 있게 된다.

타인의 눈으로 볼 때 혹은 세상적인 기준으로 볼 때 작은 삶을 살아가고 있는 것으로 보일 수 있다. 하지만 진정 자신의 작은 길을 발견하고 묵묵히 평생을 헌신하는 사람은 작은 거인임에 틀림없다. 그런 사람들이 큰 세상에 큰 영향을 주는 거장이 되고 명인이 되기 때문이다.

비교하는 삶을 살게 될 때 가장 어리석은 행동을 하게 되고, 그 결과 인생을 망치게 되는 경우가 비일비재하다.

갈까마귀는 자신의 생존 방식이 있다. 하지만 높은 암석 위에서 급강하해서 멋지게 어린 양을 낚아채는 멋진 사냥 실력을 가지고 있는 독수리와 자신을 비교하게 되면, 부러워서 그를 흉내내고 싶어지게 된다. 갈까마귀는 어설프게 흉내내다가 자신의 발톱이 독수리와 다르고, 자신의 날아오르는 힘이 독수리와 다르다는 것을 뒤늦게 깨닫게 된다. 어린 양의 양털에 감겨 날아오르지 못하는 자신을 발견했을 때는 이미 늦은 것이다. 자신이 독수리라도 된듯 독수리를 흉내내다가 양털에 감겨 날아오르지 못하고 퍼덕대고 있는 어이없는 갈까마귀를 보고 있던 목동은 갈까마귀를 손으로 쉽게 잡을 수 있게 되었다.

목동에게 어이없이 잡힌 갈까마귀는 남과 비교하는 것이 얼마나 어리석은 것인지를 그제서야 처절하게 깨닫게 되었던 것이다.

– 한 가지가 많은 것을 이긴다

"여우는 많은 것을 알지만 고슴도치는 한 가지 큰 것만

안다.”

20세기를 대표하는 위대한 자유주의 사상가이자 철학자인 이사야 벌린Isaiah Berlin의 [고슴도치와 여우]에 나오는 말이다. 고대 그리스 시인 아르킬로코스가 수수께끼와 같은 이 말을 먼저 했다.

그런데 이 수수께끼와 같은 말이 우리에게 주는 교훈은 매우 많다. 이사야 벌린은 자신의 책에서 여우와 고슴도치가 만나서 싸우게 되면, 싸우는 전략과 모습이 서로 너무나 다르다고 말한다.

여우는 고슴도치를 공격하기 위해 많은 전략을 무수히 짜낸다. 반면에 고슴도치는 미련하고 바보스럽게 그 어떤 전략도 짜내지 않고 오직 한 가지 전략, 즉 묵묵히 자신의 길을 가고, 누군가 공격을 할 때는 온 몸을 돌돌 말아서 방어하는 이 한 가지 전략만을 고수한다.

그런데 결과는 미련하고 바보스럽게 보이는 고슴도치를 많은 전략을 가지고 있는 여우가 절대 이기지 못한다는 것이다.

한 가지가 많은 것을 이긴다는 것이 진리인 것이다. 이러한 사실이 고슴도치와 여우에게만 해당되는 이야기가 아니냐고 반문하는 독자들을 위해 세계적인 경영 석학인 짐 콜린스의 명저 [좋은 기업을 넘어, 위대한 기업으로 Good to Great]에 소개된 '고슴도치 전략' 을 소개 하고자 한다.

짐 콜린스는 여우와 고슴도치 이야기를 토대로 하여, 위대한 기업들의 단순하고도 일관된 전략을 '고슴도치 전략' 이라고 불렀다. 꾀가 많고 아는 것이 많은 여우가 취하는 다양한 전략은 결코 위대한 기업으로 도약할 수 없다고 한다. 반면에 바보스럽고 미련하기까지 보이는 고슴도치의 전략이 결국 위대한 기업으로 도약하게 해준다고 한다.

단순한 것이 복잡한 것을 이기고, 작은 것이 큰 것을 이기고, 한 가지가 많은 것을 이긴다는 이 책의 개념을 잘 드러내 주는 말이 아닐 수 없다.

짐 콜린스는 아주 단순하고도 심플한 전략이 최고가 될 수 있다는 것을 말해 준다.

그가 말하는 '고슴도치 전략' 의 세 가지 원칙은 다음과 같다.

첫째. 세계 최고가 될 수 있는 일을 한다.

둘째. 경제 엔진을 움직이는 것을 한다.

셋째. 깊은 열정을 가진 일을 한다.

이 세 가지가 당신이 지금 하고 있는 일이라면 당신은 곧 세계 최고가 될 수 있다. 하지만 당신이 지금 하고 있는 일이 이 세 가지 중의 단 한 가지라도 포함되지 않는다면 당신이 세계 최고가 되는 일은 해가 서쪽에서 뜨는 일만큼 일어나기 힘든 일이 될 것이다.

우리가 오해하기 쉬운 것 중의 하나가, 고슴도치 컨셉은 우리가 최고가 되고자 하는 목표, 최고가 될 수 있는 전략, 최고가 되려는 의도나 계획이 아니라는 것이다. 그것은 당신이 무엇에서 최고가 될 수 있겠는지를 아는 것이다. 이 차이는 절대적으로 중요하다고 그는 말한다.

결국 당신이 최고가 될 수 있는 단 한 가지가 당신이 최고가 될 수 없는 수많은 일들을 뛰어 넘고 이긴다는 것이다. 그것을 발견하고 찾을 수 있는 사람은 행복한 사람이며, 성공을 보장받은 사람임에 틀림없다.

짐 콜린스가 말한 '세계 최고가 될 수 있는 일'은 다른 말로 말하면 '당신만이 가지고 있는 유일한 강점'

이라고 말 할 수 있다. 태어날 때는 우리 모두 평범한 인간이었지만 어떤 사람들은 최고의 자신을 발견하고, 최고의 삶을 살아가는 반면 어떤 사람들은 아무리 노력을 해도 평균을 뛰어넘지 못 한다. 그 차이가 바로 자신이 세계 최고가 될 수 있는 일인 강점을 발견하고 그것을 개발했느냐 아니면 자신의 강점이 아닌 다른 많은 일에 자신의 에너지와 재능을 분산시켰느냐 이다.

우리가 강점 즉 우리가 잘 할 수 있는 일, 우리가 세계 최고가 될 수 있는 일에 집중해야 하는 이유 중에 하나는 우리가 강점이 아닌 약점에 집중하고 노력을 기울인다해도 우리들은 여전히 평균 이상이 될 수 없기 때문이다.

약점은 아무리 개선하려고 노력해도 본질적으로 약점이라는 특성이 있기 때문에 그러한 성질이 절대로 바뀌지 않는 다. 약점인 분야에 아무리 시간과 노력을 집중시킨다해도 성과는 평균에도 미치지 못 하게 되는 것이다. 정말 피나는 노력과 의지로 자신이 못 하는 분야에 뛰어 들어 훈련을 한다고 해고 그 부분에서는 최고 수준까지 성장할 수 없다.

반면에 우리가 잘 하는 단 한 가지의 강점 분야에 뛰어들어 노력하고 집중하게 되면 더 빨리 배울 수 있고, 더 많이 성장할 수 있게 되고, 더 놀라운 도약을 할 수 있게 된다는 사실이다. 똑같은 노력을 기울 일 때 약점 분야의 것이라면 평균에도 도달하지 못 하지만, 그것이 강점 분야가 되면 세계 최고 수준에도 도달할 수 있게 된다는 것이다.

이것이 바로 한 가지를 붙잡고 한 우물을 파야하는 가장 중요한 이유인 것이다. 강점 혁명은 자신이 잘 할 수 있는 일, 자신이 최고가 될 수 있는 일에 집중하는 것이다.

"삶의 진정한 비극은 우리가 충분한 강점을 갖지 못한 데에 있는 것이 아니라 이미 갖고 잇는 강점을 충분히 활용하지 못하는 데에 있다. "

라고 벤자민 프랭클린이 말한 것처럼, 우리가 행복하고 성공적인 삶을 살기 위해서는 이미 갖고 있는 강점을 충분히 활용해야 한다. 그렇게 하기 위해서 가장 필요한 것은 단 한 가지에 집중할 수 있는 자세이다.

우리가 가지고 있는 매우 잘못된 편견 중에 하나는 약점이라도 고치고 노력하면 충분히 그 분야에서 성공할 수 있다라는 것이다. 하지만 이것은 절대로 틀린 말이다. 아무리 노력해도 자신의 약점 분야에서는 절대로 세계 최고 수준의 대가가 될 수 없다. 이와 마찬가지로 치명적인 악영향을 주는 편견 중에 하나는 강점은 저절로 향상될 것이라는 편견이다. 하지만 이것도 역시 틀린 말이다. 강점을 발견하고 개발시키지 않게 되면 평범해 져 버린다는 것이다.

강점으로 성공에 이르는 비결을 흥미롭고 명쾌하게 정리한 책인 [강점에 올인하라] 라는 책을 보면 강점을 절대 저절로 강해지는 것이 아니라는 사실에 대한 연구 결과가 소개 되어 나온다.

네브래스카 대학은 중, 고등학교 학생들의 독서 속도를 높이기 위해 속독법을 위한 최고의 교수법을 발견하고자

3년 간에 걸친 연구 프로젝트를 진행했다. 일천명이 넘는 학생들을 대상으로 속독 훈련을 실시했다.

속독훈련의 결과는 매우 놀라운 것이었다. 속독이 약점인 학생들과 그것이 강점인 학생들 사이에서 속독의 성장률이 5배 이상 차이가 났기 때문이다.

평범한 학생들, 즉 속독에 강점이 없고 약점인 학생들은 1분당 평균 90단어를 읽었다. 하지만 속독에 강점을 보인 학생들은 평균적으로 1분에 350단어를 읽었다. 이 두 그룹의 학생들이 모두 속독 훈련을 동일하게 받았다. 그런데 그 결과는 진행했던 전문가들도 미처 예상하지 못 한 결과였다.

속독이 약점이었던 학생들은 아무리 노력해도 속독에 강점을 보인 학생들의 평균 수준보다 훨씬 더 못 미쳤던 것이다. 하지만 더 놀라운 사실은 속독에 강점을 보인 학생들은 조금만 노력을 해도 엄청난 속도로 책을 읽을 수 있게 되었다는 것이다.

속독 훈련 대상	훈련 전	훈련 후	성장률
속독이 약점인 학생 그룹	90단어 / 1분	150단어 / 1 분	1.66배
속독이 강점인 학생 그룹	350단어 / 1분	2,900 단어 / 1분	8.28배

이 실험 결과에서 우리가 확실하게 알 수 있는 것은 강점인 분야을 발견하여 그것에 노력을 기울인다면 쉽게 그리고 빠르게 최고 수준으로 도약을 할 수 있다는 것이다. 그리고 약점인 분야를 아무리 노력을 한다해도 평균에도 미치지 못 하게 된다는 사실도 또한 우리는 명심해야 한다.

고슴도치 전략의 핵심은 자신이 가장 잘 할 수 있는 강점을 발견하고, 그것만을 끝까지 고수하고 개발시켰다는 점이다. 강점을 강화하여 그것이 다른 무수한 약점까지도 다 커버할 수 있게 하는 것이 바로 강점이론(Strengths' theory)의 정수이다.

이러한 강점이론을 가장 잘 보여주는 영화 중의 대사는 바로 '주유소 습격사건'에서 무대포 캐릭터인 유오성이 극중에서 내뱉은 말이다.

" 난 한 놈만 패!"

인생도 이와 마찬가지이다. 이놈 저놈 패봤자 승산이 없다. 그럴 바에는 한 명만 족치는 것이다. 그렇게 되면 최소한 승산은 있다.

고슴도치 전략에 대해서는 이 책의 후반부에서 좀 더 다룰 것이다. 고슴도치 전략은 그야말로 필자가 생각하기에 최고의 전략이다. 그런만큼 다양한 사례와 비유들이 넘쳐난다. 이렇게 좋은 전략을 두 세 번 강조하기 위해 좀 더 구체적으로, 깊이 있게 소개하고 싶은 것이다. 그만큼 중요하면서도 동시에 반드시 우리가 실천해야만 하는 필수 전략이기 때문이다.

아무것도 가진 것도 없고, 학벌도 없고, 지식도 없던 백수가 한 달에 서 너 권의 책을 집필 할 수 있는 작가로 도약할 수 있었던 비결도 결국에는 한 가지만 알고 한 가지만 연습했기 때문이다.

필자가 십년 이상 다니던 회사를 그만두고 백수가 되어 집에서 아이들이나 키우고, 집안 일만 하다가 작가로 변신에 성공할 수 있었던 것은 이 세상의 무수히 많은 것들을 다 버리고 오직 한 가지 '책' 만 읽었기 때문이라고 할 수 있다.

'크게 버려야 크게 얻는다.'

이 말은 필자의 인생을 한 마디로 대변하는 문장이다. 필자는 정확히 3년 동안 이 세상의 모든 것을 다 버렸다. 친구도, 취미도, 술도, 담배도, 오락 시간도, 주말도, 휴가도, 직장도, 건강도, 돈도, 여유도 .... 다 버렸던 것이다. 눈만 뜨면 도서관에 처 박혀서 열 다섯 시간씩, 때로는 열 여섯 시간씩 책만 읽었던 것이다.

그렇게 책에 미쳐서 책만 읽다 보니, 어느 순간에 독에 물이 다 차면 넘치듯이 필자의 창작열이 폭발하면서 책이 튀어 나오게 되었던 것이다.

만약에 필자가 회사를 그만두고, 이것도 해보고, 저것도 해보고, 다양한 것들을 하면서 3년이란 세월을 보냈다면 지금 이까지도 오지 못 했을 것임을 필자는 너무나 잘 알고 있다.

유오성이 영화에서 한 놈만 패듯, 필자는 한 가지에 미쳤던 것이다. 미쳐야 진짜 미칠 수 있음을 우리는 명심해야 한다.

– 1인 기업의 대표가 되어라

톰 피터스는 우리들에게 우리 모두는 '나 주식회사', 즉 1인 기업의 대표라고 말했다. 가장 작은 기업이 바로 1인 기업일 것이다. 하지만 이 작은 기업이 모든 기업의 토대가 된다는 사실을 알아야 한다. 수만 명의 직원들로 구성된 대기업이라고 할지라도 가장 근본적인 기준은 개개인이 대표로 있는 1인 주식회사, 즉 '나 주식회사'이기 때문이다.

"우리 모두는 '나'라는 기업의 대표이다. 오늘날 비즈니스 세계에서 살아남기 위해 가장 중요한 일은 스스로 '나'라는 브랜드의 마케팅 책임자가 되는 것이다. 그러기 위해서는 무엇보다 설득의 힘을 길러야 한다."
_톰 피터스

그의 말대로 우리는 모두 '나'라는 주식회사의 대표들이다. 우리가 알든 모르든, 의식하든 의식하지 않든 말이다. 하지만 자신이 대표라는 사실을 자각하고 그것에 걸맞게 행동하고, 사고하고, 계획을 세우고, 살아가는 사람과 그렇지 못한 사람 사이에는 5년 후, 10년 후 엄청난 간격이 생기게 된다는 사실을 알아야 한다.

실제로 직장을 다니든, 프리랜서로 활동을 하든, 직업이 무엇이든, 심지어는 백수라도 우리 모두는 1인 기업, 즉 '나' 주식회사의 대표라는 사실을 명심해야 한다. 그렇기 때문에 자신의 기업인 '나'의 경쟁력이 무엇이고, 차별화는 무엇인지? 무엇을 해야 남들보다 잘할 수 있는지? 어떤 일을 할 때 가장 큰 부가가치가 발생하게 되는지? 등을 끊임없이 연구하고 공부해야 하는 것이다.

마치 대기업의 CEO가 끊임없이 사색과 생각을 통해 자신의 기업의 나아갈 방향을 확정하고 직원들에게 제시해 주는 것과 마찬가지로 말이다.

1인 기업, 나 주식회사의 대표로서 생각하고 행동하고 계획을 하는 것은 자신의 인생을 제3자의 관점에서 바라보게 해주기 때문에 훨씬 더 나은 선택을 할 수 있게 된다. 우리가 우리 자신 안에 매몰되어 자신의 내부에서 자신을 바라보고 생각하는 것과 자신의 외부에서 제3자의 입장에서 자신을 하나의 기업이라고 생각하고 바라보는 것은 큰 차이가 발생한다.

헨리 포드는 이러한 사실을 다음과 같이 말했다.

"이 세상의 성공의 비결이란 것이 있다면 그것은 타인의 관점을 잘 포착해 그들의 입장에서 사물을 볼 수 있는 재능, 바로 그것이다."

제3자, 즉 타인의 관점에서 사물을 바라 볼 수 있는 재능이 성공의 비결이라고 그는 말하고 있다. 여기서 우리는 우리 자신이라는 가장 근본적인 존재에 대해서 타인의 관점에서 바라 볼 수 있게 된다면 좀 더 정확한 평가를 할 수 있게 되고, 그로 인해 좀 더 냉철하고 정확한 계획을 세울 수 있게 된다.

당신이 진정한 당신의 1인 기업의 대표라면 정확하고 냉철하게 자신의 기업인 자기 자신을 바라보고 평가할 줄 알아야 한다. 그것이 바로 재능이며, 성공의 비결이다.

1인 기업의 대표가 되어야 할 또 다른 이류는 톰 피터스가 역설하고 있는 '브랜드유' 세상이 우리가 살아가야 할 새로운 세상이기 때문이다. 이러한 새로운 세상으로 여행을 떠나기 위해서는 자신을 하나의 브랜드유 기업으로 재창조해야 한다. 그렇게 하려면 기존의 것들이 아닌 새로운 방식과 새로운 도구가 필요하다. 톰 피터스는 저서 [미래를 경영하라 Re-imagine]에서 그러한 새로운 도구 10가지를 피력한 바 있다.

"1. 모험가처럼 생각하라.

2. 눈을 떼지 마라.

3. 마케팅을 터득하라.

4. 완벽을 추구하라.

5. 모호함 속에서 번영하라.

6. 멋진 실패를 웃어넘겨라.

7. 네트워크를 확장하라.

8. 첨단기술을 즐겨라.

9. 젊은이들 앞에서 머리를 조아려라.

10. 기술 업데이트에 대한 열정을 키워라.”

_톰 피터스, [미래를 경영하라], 245~246쪽

모험가처럼 자신의 인생이란 쇼의 주인이 되어 자신의 인생을 재창조해야 하라는 말이다. 그리고 나 주식회사의 대표가 되고자 한다면 돈이 들어오고 나가는 상황에 대해 눈을 떼지 말라는 이야기이다. 1인 기업의 대표라면 언제든지 자신의 기업인 자신을 세일즈할 줄 알아야 한다. 뿐만 아니라 자신의 분야에서는 최고가 될 수 있을 만큼 프로 정신을 갖추고 자신을 연마시켜야 한다는 말이다. 무엇보다도 이러한 1인 기업의 대표가 된다는 것이 더 이상 선택사항이 아니라는 사실을 명심해야 할 것이다.

직장과 비즈니스의 최신 트렌드를 다루는 ‘패스트 컴

퍼니' 지에서는 1인 기업 혹은 프리에이전트 공화국이라고 부르며, 이것은 우리가 책상에 앉아서 내면의 사고의 전환으로부터 비롯되어야 한다고 말한다.

당신의 직장이 어떤 곳이든, 그 직장 그 책상에 앉아서 '좋아, 나는 공식적으로 이 회사에 다니지만, 사실은 내 선택에 따라 이 회사와 거래하는 프리에이전트야' 라고 말할 수 있을 때 비로소 1인 기업이 시작되고, 당신은 그 회사의 대표로 취임을 하게 되는 것이다.

이제, 당신은 당신의 사고를 전환하기만 하면 멋지고 유일무이한 회사를 하나 만들 수 있고, 그 회사의 사장이 될 수 있다. 이것보다 더 멋진 일이 또 어디 있을까? 1인 기업의 가장 큰 장애물은 당신의 낡아 빠진 그리고 굳어 버린 사고방식이다. 1인 기업의 대표가 되기 위해서는 독립적 사고를 해야 한다.

당신은 아침에 거울을 볼 때 어떤 인물을 만나게 되는가? 노예처럼 직장에서 시키는 일만 열심히 하는 전형적인 직장인의 모습을 가진 당신인가? 아니면 창조적이고 개성이 넘치고 이 세상에서 당신만이 제공해 줄 수 있는 멋진 당신이라는 상품을 제공해 주는 나 주식회사의 눈부신 대표의 모습을 하고 있는 당신인가?

어제와 별반 다르지 않는 똑같은 직장으로 똑같은 자리로 출근을 한다 해도 당신의 모습은 당신의 사고의 전환을 통해 전혀 달라질 수 있다. 그리고 더 중요한 사실은 당신의 내면에서 시작된 사고의 전환과 의식의 변화는 당신 인생을 눈부시게 바꾸어 줄 단초를 제공해 준다는 사실이다.

1인 회사의 대표로서 반드시 준비해야 할 것이 하나 있다. 그것은 바로 당신이 이 세상에 제공해 줄 수 있는 당신만의 서비스나 상품이다. 다른 사람들이 기꺼이 돈을 지불하고 갖고자 하는 당신이 제공하는 상품이나 서비스가 질이 높을수록, 그리고 많을수록 당신의 회사는 큰 회사가 된다. 그리고 그럴수록 당신은 더 멋진 1인 기업의 CEO로 격상되는 것이다.

[보물섬]을 집필한 영국의 소설가 겸 시인인 로버트 루이스 스티븐슨은 이런 말을 했다.

"모든 사람은 뭔가 팔면서 살아간다."

그의 말이 가장 잘 맞아 떨어지는 것이 바로 '1인 기업' 이다. 1인 기업의 대표가 된다는 것은 타인에게 팔 수 있는 뭔가를 제대로 만들어 낼 줄 안다는 것이고, 그것을 실제로 판다는 것이다. 그리고 그 무엇인가에 가치가 있고 유일무이하고 독특할수록 고가에 팔릴 수 있다는 사실을 명심해야 한다.

당신이 어떤 대기업의 연구개발 부서에서 일하는 연구원이라고 해보자. 당신은 무엇을 팔 수 있는가? 연구원이라는 직책을 팔 수는 없다. 그것은 매우 한정된 것이고, 당신이 회사를 그만두는 순간에 사라지는 것에 불과하기 때문이다. 또한 그것은 당신만이 만들어 낼 수 있는 상품이나 서비스도 아니다. 그리고 무엇보다 그것은 상품이나 서비스가 아니다. 진정한 상품은 사람들이 돈을 지불하고 구입하거나 제공받는 것이어야 한다.

당신이 당신만의 1인 기업의 CEO라면, 어떤 특정한 문제에 대해 당신만이 해결해 줄 수 있는 솔루션을 팔 수 있어야 한다. 당신이 인사 부서에서 오랫동안 근무하면서 남들과 다르게 1인 기업의 CEO였다면 당신은 아마도 '최고의 인재를 선별하는 노하우'나 '인재를 적재적

소에 배치하는 기술' 등에 대한 독특한 책을 집필하여 책을 팔 수 있을 것이다.

당신이 어떤 회사, 어떤 부서에서 어떤 일을 하더라도 당신이 '1인 기업의 대표'가 되는 순간부터 당신은 당신만이 팔 수 있고, 세상에 내놓을 수 있는 뭔가를 만들어야 한다. 그것이 진정한 1인 기업이다.

– 올해의 인물은 바로 '당신(YOU)'이다

시사주간 타임지가 2006년 선정한 올해의 인물은 바로 당신YOU이다. 이제 한 사람 한 사람이 매우 중요한 영향을 주는 중요 인물이라는 것이다. '올해의 인물'은 타임지가 1927년 이후로 매년 세계인의 삶에 가장 큰 영향을 미친 사람을 선정해 오고 있었다. 그런데 결국 2006년에는 그 주인공이 바로 '당신'이 된 것이다.

이제는 크고 위대한 인물이 세계인의 삶에 가장 큰 영향을 주는 시대가 아니다. 작고 소소한 당신이 세계인의 삶에 가장 큰 영향을 주는 시대이다. 우리는 보통 거대한 결과나 업적의 원인을 거대한 요소나 인물에서 찾지만, 실제 원인은 작고 소소하고 미미한 요소나 인물에서 시작되어 그것의 영향력이 커지고 증폭되어 발생하는 경우가 많다.

이 세상의 그 어떤 것도 바로 당신을 실패하게 만들 수는 없다. 유일하게 당신 자신에게 피해를 줄 수 있는 존재는 바로 당신 자신이다. 뿐만 아니라 유일하게 당신 자신으로 하여금 성공할 수 있도록 해주는 존재 역시도 바로 당신 자신이다.

그리고 이 세상을 변화시킬 수 있는 유일한 존재도 바로 당신 자신일 뿐만 아니라 이 세상을 파괴시킬 수도 있는 유일한 존재도 바로 당신 자신이다.

온 우주의 모든 것은 바로 당신을 위해 존재하고 있다. 당신은 이 우주의 일부분이면서 이 우주 전체이기도 하기 때문이다.

우리 자신이 모든 것의 평가 기준이 되어야 한다. 다른 사람, 다른 기준을 삼으려고 할 필요가 없다. 다른 사람과 비교하기보다는 어제의 자신과 오늘의 자신을 비교하는 사람이 되어야 한다.

가장 위대한 사람은 타인과의 경쟁에서 승리하는 사람이 아니라, 자신과의 경쟁에서 승리하는 사람이다. 그리고 자신과의 경쟁에서 승리하는 사람은 어제보다 오늘이, 그리고 오늘보다 내일이 더 나아지는 사람이다.

이러한 사실에 대해 젊은이들에게 큰 인기를 얻고 있는 안철수 교수도 다음과 같이 말을 했다.

"열심히 하는 사람이 머리 좋은 사람 못 당하고 머리 좋은 사람이 운좋은 사람 못 당한가는 건 맞는 말입니다. 하지만 노력은 내가 통제할 수 있는 유일한 영역이에요. 내가 통제할 수 없는 머리와 운을 남들과 비교하지 말고, '어제의 나' 와 '오늘의 나' 를 비교하는 게 의미 있는 일입니다."
_안철수

그의 말처럼 이 세상의 다른 것들을 비교하려고 하지 말고, 오직 자기 자신이 얼마나 더 성장하고 발전했는지에 대해서만 집중하는 것이 매우 현명한 처세이다. 그리고 유일하게 의미 있는 방법이기도 하다. 올해의 인물이 당신이 된 것처럼, 이 세상의 가장 근본적인 존재는 당신이라고 할 수 있다. 세상이 아무리 풍요로워졌다 해도 당신이 가난과 궁핍에 찌든 삶을 살고 있다면 당신이 살고 있는 이 세상은 가난하고 궁핍한 세상 그 자체가 된다.

이 세상이 아무리 전쟁과 폭력이 난무하는 무서운 세상이라 할지라도 당신이 사랑과 헌신, 박애와 평화로 가득 차 있다면 당신이 사는 세상은 사랑스럽고 평화스러운 세상 그 자체가 된다.

우리가 어떤 환경 속에서 산다 해도, 자신의 모습과 상태에 따라 세상을 변화시킬 수 있는 능력과 힘을 소유하게 된다. 그리고 그 힘과 능력의 본질은 자신을 먼저 변화시키는 데 있다. 우리 자신이 먼저 변화되면,세상은 따라서 변화된다.

[그럼에도 행복하라Happiness in Hard times]의 저자 앤드류 매튜스Andrew Matthews는 다음과 같은 명언을 말했다.

"시련을 두려워하지 말자. 만나는 사람 모두를 삶의 스승으로 여기자. 뿌리 깊은 고정관념을 버리자. 집착할수록 멀어진다. 얻으려면 무엇에든 지나치게 집착하지 말자. 상황을 늘 긍정적으로 생각하자. 세상일은 생각대로 된다. 마음 가는 대로 살며 삶을 즐기자. 삶은 투쟁이 아니다. 사랑의 눈으로 이웃과 세상을 보자. 과거를 후회하거나 미래를 걱정하지 말자. 오직 현재를 소중히 여기자. 상대를 동반자로 여기자. 사랑한다면 상대를 있는 그대로 인정하고 사랑하자. 나를 변화시키자. 세상을 변화시키려 하지 말고 먼저 나 자신을 변화시키자."

_앤드류 매튜스, [그럼에도 행복하라]

그의 말대로 우리는 세상을 먼저 변화시키려 하지 말아야 한다. 먼저 나 자신을 변화시키는 것이 순서이다. 올해의 인물은 다름 아닌 바로 당신이다. 그러므로 당신은 자신을 변화시키고, 남과 다른 자신, 완벽한 자신이 되기 위해 노력해야 한다.

올해의 인물이 당신이 된 이유는 당신이 남과 다른 차별성과 독특함을 가지고 있는 고유한 둘도 없는 존재이기 때문이다. 그렇다면 당신을 더욱 더 가치 있게 하는 것은 다른 것이 되려고 노력하거나 다른 사람과의 경쟁에서 이기려고 하는 것이 아니라 더욱 더 완벽한 자신이 되는 것임을 명심하자.

" '너 자신이 아닌 다른 것이 되려 하지 말고, 다만 완벽한 너 자신이 되라."

성 프랑시스코 드 살레지오Francisco de Salesio의 말처럼 다른 것이 되려고 하고, 다른 사람과 같아 지려고 하고, 다른 사람을 흉내내고 벤치마킹하는 것은 당신의 가치를 소멸시키는 최대의 방법임을 명심해야 한다. 완벽한 당신이 될 때, 이 세상은 당신에게 주목하게 될 것이다. 완벽한 당신이 될 때 이 세상은 당신을 뒤쫓아 갈 것이다.

19세기 프랑스의 문호이며, 대통령에게 보내는 공개장인 [나는 고발한다]로 유명한 에밀 졸라는 "누군가 내가 이 세상에 존재하는 이유가 무엇인가, 예술가로서 어떤 의미를 지니는가라고 내게 묻는다면, 나의 존재를 세상에 알리기 위해서라고 말할 것이다." 라는 말을 남긴 바 있다. 그의 말대로 우리는 우리의 존재를 세상에 알리기 위해서 이 세상에 존재하는 것인지도 모른다. 만약에 그렇다면, 그리고 남과 똑같은 사람이 되기 위해 평생을 바쳐 노력한 결과 남과 전혀 다를 바 없는 개성이라고는 눈을 씻고 찾아봐도 찾을 수 없는 그런 흔하고 흔한 평범한 존재라면, 그러한 존재를 세상에 알리는 것 또한 무의미해질 것이 자명하다.

우리가 존재를 세상에 알리기 위해서 존재한다면 가장 우리 자신다워야 할 이유가 또한 분명해지는 것이다. 가장 완벽한 우리 자신이 될 때 세상의 존재 이유는 더욱 더 가치 있는 이유가 되기 때문이다.

– 1%가 달라지면 100%가 달라진다

99%와 100%는 겨우 1%의 차이지만 그 차이는 하늘과 땅의 차이만큼 크다. 물을 끓일 때 99도와 임계점인 100도 사이에는 겨우 1도의 차이가 있지만 액체와 기체, 끓고 안 끓고의 엄청난 차이가 있는 것이다.

우리 삶도 이와 다르지 않다. 물이 끓어서 기체가 되고, 안 되고의 차이를 결정하는 1도, 1%가 우리 삶에도 곳곳에 도사리고 있다.

대학 입시 공부를 하든, 사법 고시를 준비하든, 올림픽에 달리기 선수로 출전하든 1점의 차이, 한 문제의 차이, 1초의 차이가 합격과 불합격을 결정하고, 메달과 노메달을 결정하고, 메달의 색깔을 결정한다.

이렇게 1%, 1초, 1문제가 인생의 성공과 실패를 결정한다. 그리고 이것은 결정적인 순간에만 그런 것이 아니다. 평소 날마다 1%만 더 노력하고, 1초만 더 빠르고 정확하게 행동하고, 1문제만 더 푸는 것에서 이미 결정이 난다. 결정적인 순간에는 평소에 한 것이 그대로 표출되어 나타나는 것에 불과하다는 사실을 알아야 한다.

어제와 다른 삶을 살고 싶고 남과 다른 삶을 살고 싶은 사람들은 많다. 하지만 그것에 성공하는 사람은 1%에 불과하다. 그 이유는 자신의 1%를 바꾸기가 너무나 힘들기 때문이다. 다른 말로 하면, 자신의 1%의 생각, 1%의 습관, 1%의 행동, 1%의 노력, 1%의 도전, 1%의 열정을 바꾸려고 하지 않기 때문이다.

큰 배를 움직이는 것은 그 배의 크기의 1%에 불과한 작은 키이다. 우리를 움직이는 것은 눈에 보이지 않는 마음과 생각이다. 인생을 바꾸는 것은 1%에 불과한 작은 행동들이다. 어제와 다른 1%의 생각과 행동이 결국에는 모여서 습관이 되고, 그 달라진 1%의 습관이 우리의 인생을 바꾸어 놓는다.

"새끼줄로 톱질해도 나무가 잘라지고
물방울이 떨어져 돌을 뚫는다.
도를 배우는 사람은 모름지기 힘써 구하라.
물이 모이면 개천을 이루고
참외는 익으면 꼭지가 떨어진다.
도를 얻으려는 사람은
모든 것을 자연에 맡겨라."
_채근담

이 말은 [채근담菜根譚]에 나오는 말이다. 작고 보잘것없는 낙숫물이 떨어져서 결국에는 엄청난 바위를 뚫게 되고, 작고 보잘것없는 지식들이 모여서 도를 깨닫게 되듯 우리의 인생도 역시 1%에 불과한 작고 보잘것없는 사고와 생각의 전환을 통해서 달라지는 것을 경험할 수 있게 된다.

“성공과 실패는 종이 한 장 차이다.”

필자가 가장 좋아 하는 말 중의 하나다. 이 말이 의미하고 시사하는 교훈은 1%만 더 노력하면 실패할 사람도 성공할 수 있다는 말이다. 즉, 평범한 사람이라도 성공과 실패는 엄청난 차이에 의해서 결정되는 것이 아니라 종이 한 장 차이와 같이 매우 작고 사소한 차이로 인해 결정이 나기 때문에 조금만 더 노력하고, 조금만 더 인내하고, 조금만 더 성장하면 된다는 사실을 명심하자.

이민규 교수의 [1%만 바꿔도 인생이 달라진다]라는 책을 보면 우리의 인생을 좀 더 나은 방향으로 바꿀 수 있는 것은 아주 작은 1%에 해당하는 작은 변화라는 사실에 대해 말한다.

결과를 바꾸고 싶다면 원인을 바꾸어야 하듯, 인생을 바꾸고 싶다면 원인에 해당하는 1%의 사고와 행동을 바꾸어야 한다. 성공과 실패를 결정짓는 것은 엄청난 재능이나 실력의 차이가 아니라 겨우 1% 정도의 실력이나 재능 차이라는 사실을 알아야 한다. 그리고 더 중요한 사실은 재능이나 실력의 차이보다도 1%의 작은 생각의 차이에서 비롯되는 경우도 많다는 것이다.

이런 점을 이 책에서는 이렇게 표현해 놓았다.

"승자와 패자의 차이는 실패를 다루는 방식에서 나오며, 승자는 실패를 통해 성공에 다가서는 법을 배우고, 패자는 실패를 통해 성공에서 멀어지는 법을 배운다."

이 표현대로 똑같은 실패를 했음에도 누가 1% 다른 각도에서 그 실패를 바라보느냐의 차이로 인해 승자와 패자가 갈릴 수 있다. 결국 승자는 1% 다르게 생각하고 1% 다르게 행동하는 사람이 된다.

– 전략은 고차원적이고 거대한 것이 아니다

초원의 전략가들에게 배우는 비즈니스 생존전략에 관한 책인 [세렝게티 전략Strategies of the SERENGETI]을 보면 전략에 대해서 우리가 잘못된 신화를 가지고 있다는 사실에 대해 재미있게 설명해 놓았다.

이 책의 저자 스티븐 베리는 전략을 세우지 않는 사람들은 쇠똥구리의 일생과 같은 삶을 살아간다고 말하면서 쇠똥구리의 일생에 대해 그가 설명해 놓은 것을 간단하게 정리하면 다음과 같다.

* 쇠똥구리는 평생 똥덩이를 만든다.
* 쇠똥구리는 똥덩이를 굴리며 자신을 과시한다.
* 쇠똥구리는 어제했던 일을 오늘도 하고, 그것을 내일도 한다.
* 쇠똥구리는 인생을 통틀어 장기적인 계획이 없다.
* 쇠똥구리는 더 나은 인생을 위한 전략이 전무하다.
* 쇠똥구리는 미래보다는 과거에 집착한다.

세계 최대의 야생 초원인 세렝게티에는 300만이 넘는 동물들이 살아가고 있다. 하지만 대부분의 동물들이 쇠똥구리와 다를 바 없는 삶을 살아가고 있다. 이러한 사실은 초원의 제왕인 사자에게도 그대로 적용된다. 제대로 된 전략을 세우지 않기 때문에 사자 새끼들 중에 태어나서 1년 이상 살아남는 녀석은 50%도 채 되지 않는다. 태

반은 굶어 죽고, 경쟁자에 의해 사라진다. 어른이 되어서도 사냥 실력이 남다르거나 특별하지 않을 경우 굶어 죽기 일쑤다. 이러한 이유 때문에 우리의 통념과는 달리 사자의 생존율은 평균 20% 정도에 불과하다.

초식동물들이지만 남다른 특별한 것을 가지고 있는, 차별화에 가장 큰 성공을 거둔 코끼리와 하마, 코뿔소 등은 초원의 제왕보다 훨씬 더 낫다. 사자가 아무리 빠르고 강한 이빨을 가지고 있다고 해도 이들에게 잘못 덤벼들었다가는 생존조차도 위태로울 수 있다. 얼룩말이나 누 영양과 같은 초식동물들도 다른 초식동물과 다른 한 가지 특기를 가지고 있다. 그것이 바로 대초원에서 가장 큰 생존력이며 경쟁력이다. 그래서 초원의 제왕도 함부로 이들을 사냥할 수 없다. 이들의 강력한 뒷발차기에 당하게 되면 사자라도 갈빗대가 부러지는 중상을 입을 수 있기 때문이다.

'동물의 왕국' 이나 '내셔널 지오그래픽' 에서 우리가 흔하게 보는 육식동물이 초식동물을 사냥을 해서 잡는 모습은 실제 세렝게티에서는 전문가들이 1년 내내 카

메라를 들이대고 있다가 운이 좋아야 건져 낼 수 있는 몇 안 되는 장면에 불과하다. 초원의 제왕조차 사냥에서 성공할 수 있는 확률은 20% 정도 밖에 되지 않기 때문이다.

결국 우리가 세렝게티의 동물들을 통해 배워야 할 것은 전략이 없이 쇠똥구리처럼 일하며 살아가는 사람이 너무 많다는 사실이다. 강력한 힘과 이빨과 신체 조건을 타고난 사자라도 그 어떤 전략도 없이 어제했던 어설픈 사냥을 오늘 또 하고, 그것을 내일 또 하기 때문에 생존율과 사냥 성공률이 형편없는 것임을 알아야 한다.

전략이라는 말을 들으면 우리는 거창하고 거대한 것이라고 생각을 하고, 자신과는 어울리지 않는다고 치부해 버릴 수 있다. 하지만 전략은 우리의 일상과 현실에 잘 맞물려 있는 것이며, 누구나 전략을 세워야 하고, 세울 수 있는 것이다.

인생 전체의 전략이 없다면 쇠똥구리와 다를 바 없는 삶을 살아가게 될 확률이 매우 높다. 전략을 세우게 되면 우리가 가야 할 방향을 알게 해 주고, 그러한 방향 감각은 자신이 어떻게 남과 다르게 차별화를 해야 할 것인지에 대한 큰 그림을 그릴 수 있게 해 준다.

전략은 일상과 맞물려 있으며 작은 실천을 할 수 있게 해주는 바로 그것이지만, 우리에게 인생의 큰 그림을 동시에 볼 수 있게 해 줌으로써 우리로 하여금 가장 자신다운 삶을 살아 갈 수 있게 해 준다는 사실을 잊어서는 안 된다. 그런 점에서도 전략은 고차원적인 것이 아니라 일상적인 것이며, 미래를 위한 것이 아니라 바로 오늘 활용하고 사용해야 하는 오늘을 위한 것이며, 거창한 것이 아니라 하루하루의 행동 지침에 기준으로 삼을 수 있는 구체적이고 세밀한 것이다.

전략을 세우지 않는다면 쇠똥구리와 다를 바 없는 인생을 살아가게 된다는 한 가지 사실만은 꼭 기억해 두자. 전략을 세우고 그 전략을 날마다 활용해 나간다면 당신은 지금까지와는 전혀 다른 확고한 삶을 살아가게 될 것이다. 산으로 갈지, 바다로 갈지가 정해졌을 때 우리는 가장 적합한 도구와 옷차림과 계획을 세울 수 있다. 당신의 인생은 산으로 갈 것인지, 바다로 갈 것인지, 사막으로 갈 것인지, 북극으로 갈 것인지, 초원으로 갈 것인지를 선택했는가?

선택했을 때 당신은 시간과 에너지를 낭비하지 않고 질주하면서도 여유와 느긋함을 느낄 수 있는 기똥찬 삶을 경험하게 될 것이다.

– 시작은 미약했지만 끝은 창대하다

성경 말씀 중에 보면 '시작은 미약하였으나 그 끝은 창대하리라' 라는 말씀이 있다. 그런데 이 말씀과 정확히 맞아 떨어지는 기업이 하나 있다. 바로 '구글 Google' 이다.

구글의 시작은 미약했다. 미약해도 너무 미약했다. 허름한 창고와 대학의 기숙사에서 세르게이 브린과 래리 페이지 두 사람으로 시작된, 대학원의 일개 연구 프로젝트였다. 그런데 그들은 마치 전혀 다른 행성에서 온 사람들인 양, 행동방식과 사고방식이 달랐던 것이다. 그들에게 일은 일이 아니라 놀이 그 자체였고, 그들이 펼치고 만들어내는 비즈니스는 마치 어린아이들이 어른들에게 보여 주기 위해 쌓아 올린 장난감 블록과 같은 것처럼 보였다. 하지만 그들은 단 5년 만에 세계적인 기업을 넘어 인류 문명의 발전 방향을 이끌어 가는 거대한 기업으로 성장했다.

그들은 남달랐다. 그들로 하여금 남다르게 행동하고 사고할 수 밖에 없게 해 준 것은 그들의 척수 속에 자라나고 있는 '전혀 다른 세상', '남과 다른 사람들'을 꿈꾸는 DNA였던 것이다. 그리고 그들 안에는 용광로처럼 끓어오르는 열정과 갈망이 있었다. 이러한 것들이 그들로 하여금 남과 다른 길을 가게 했던 것이다.

구글은 21세기 인터넷 산업의 선두주자로 떠오른 거대기업의 수준을 이미 훨씬 뛰어넘었다. 정말 시작은 미약했지만 그 끝은 창대하다고 밖에는 말할 수 없을 정도의 수준이 되었다. 구글을 일개 '검색엔진'이나 '일하기 좋은 회사' 정도로 생각해서는 이제 절대 안 된다. 그것은 너무나 큰 착각이다. 구글은 세계 곳곳에서 비밀리에 작동되는 데이터센터를 통해 전세계의 정보를 모두 축적시켜 놓고 있다. 그 뿐만 아니라 광고, 신문, 방송, 도서, 무료 컴퓨터 OS, 통신사가 필요 없는 휴대전화 등 전 방위로 사업 영역을 확장했다.

우리가 알던 이 세상은 외계인에 의해서가 아니라 두

대학원생들이 시작한 일개 대학원 프로젝트에 의해서 십년도 안 된 기간에 '구글 당하고Googled' 있는 것이다. 그래서 앞으로의 기업은 구글을 제외하고 두 종류로 나누어 질 수밖에 없을 것이다.

물결을 일으키는 구글과 그 물결에 간신히 올라타는 자와 그 물결에 쓸려 없어지는 자로 말이다.

우리는 구글의 이같은 전무후무한 성장과 발전과 스토리를 통해 배워야 할 한 가지 교훈이 있다. 그것은 구글의 성공 비결은 다름 아닌 다른 일등 기업들을 모방하고 벤치마킹했던 것이 아니라 그들과 달라도 전혀 다른 길을 갔고, 전혀 다른 것들을 만들어 내고, 전혀 다른 것들을 서비스했기 때문이다.

다른 포털 검색 엔진들이 이것저것 광고와 뉴스를 첫 화면에 하나라도 더 집어넣으려고 노력하고 있을 때, 구글은 이들과 정반대로 검색엔진의 초기 화면에 그 어떤 것도 집어넣지 않았다. 이것이 바로 남다름이고, 차별화이다.

당신에게는 이러한 남다름이 있어야 한다. 그러한 차별화가 작은 것 같지만 당신을 크게 성장시켜 주고 큰 성공을 당신에게 가져다주는 결정적인 계기가 될 수 있다.

시작이 미약했던 구글이 다른 기업을 벤치마킹했더라면, 지금의 엄청나고 창대한 기업 구글을 우리는 만나볼 수 없었을 것이다. 차별화는 선택 사항이 아니라, 생존을 위한 필수 사항임을 우리는 명심해야 한다.

– 욕심을 버리면 더 빨리 가고 더 성공한다

인생의 차별화 전략에 대한 이 책에서 갑자기 욕심을 버리라는 생뚱맞은 주제에 다소 놀랐을 것이다. 하지만 모든 사람들이 욕심을 가지고 있고, 욕심 때문에 망하기 때문에 욕심을 버린다는 것은 남과 다른 차별화라고 말할 수 있다.

우리는 작은 것이 큰 것임을 깨달아야 한다. 그리고 작은 것 중에서 가장 작은 것은 존재 하지 않는 것이다. 존재하지 않는 것이 존재하는 것보다 더 큰 경쟁력과 강력한 힘을 발휘할 수 있다고 한 번이라도 생각해 본 적이 있는가?

백 번 죽었다 깨어나도 이런 생각을 하지 못하는 사람

이 있는 반면에, 한 번도 죽었다 깨어나지 않았음에도 이런 생각을 잘 하는 사람들이 있다. 그리고 그런 사람들은 대개 수많은 평범한 사람들이 존경하고 따르는 리더들이다.

세계적인 경영학자이며 경영의 구루인 짐 콜린스는 2003년 12월 30일자 [USA 투데이]에 감동적인 에세이를 한 편 게재한 바 있는 데 그의 기사 중에 한부분을 살펴 보라.

"위대한 예술 작품은 존재하는 것뿐만 아니라 존재하지 않는 것으로 이루어져 있다. 전체와 조화를 이루지 못한다면 아무리 오랜 시간을 투자했다고 하더라도 없애버려야 한다. 진정한 예술가와 위대한 작품은 그렇게 탄생했다. 음악이든, 소설이든, 그림이든, 기업이든, 아니면 가장 소중한 자신의 인생이든 간에 말이다."
_2003년 12월 30일자 [USA 투데이]

우리가 욕심을 버리고 존재하지 않도록 함으로써 위대한 예술 작품을 만들 수 있다는 사실에 대해 동양의 현자들도 이미 깨닫고 있었음을 이 이야기를 통해 알 수 있다.

"중국 송宋나라에 사는 한 농부는 자신의 벼가 다른 사람의 벼보다 덜 자란 것을 보고는 매우 안타까워했다. 욕심이 생겼다. 남들만큼 해야 한다는 욕심이었다. 그러한 욕심은 그 농부로 하여금 어떤 행동을 실행하게 만들었던 것이다. 그 농부는 궁리 끝에 벼의 순을 조금씩 뽑아 더 자란 것처럼 만들었던 것이다. 하지만 이튿날 벼는 하얗게 말라 죽고 말았다."
_맹자, [공손추公孫丑]

이 얘기는 맹자孟子 공손추公孫丑에 나오는 이야기이다. 여기서 나온 말이 바로 '발묘조장拔苗助長'이라는 고사이다. 벼의 순을 뽑으면 더 빨리 자랄 것이라고 생각해 어처구니없는 일을 저지른 농부처럼 욕심을 버리지 못 하고 급하게 서두르다 보면 일을 망치기 십상인 것이다.

우리가 인생에서 실패하고 성공이 그토록 힘든 이유는 단 한 가지이다. 성공에 대해 너무 큰 욕심을 버리지 못하기 때문이다. 맹자뿐만이 아니라 공자 역시 이러한 사실을 잘 알고 있었던 것 같다.

공자의 제자 중 한 사람인 자하子夏가 거보라는 고을의 태수가 되면서 공자에게 정치하는 방법을 물었다. 이에 공자가 답하기를 "욕속부달 욕교반졸欲速不達 欲巧反拙"이라 했다. 급하게 서두르면 일이 성사되기 어렵고, 너무 잘하려고 하다가는 오히려 일을 그르친다는 뜻이다.

논어論語 자로편子路篇에 나오는 이 이야기처럼 욕심을 버릴 때 더 빨리 가고, 더 잘 하게 되어 있다. 욕심과 같은 것은 존재하지 않을 때 존재하는 것보다 더 큰 위력을 발휘하게 되는 것이다.

맹자와 공자가 언급되었으니, 장자의 이야기도 빼 놓으면 안 될 것 같다. 장자는 좀 더 다른 시각으로 욕심을 비워야 함을, 그리고 존재하지 않는 것이 존재하는 것보다 더 큰 위력을 발휘한다는 사실에 대해 우리에게 가르쳐 준다.

"기원전 8세기 중국 주나라의 선왕宣王은 닭싸움을 매우 좋아했다. 그래서 어느 날 '기성자'라는 이름의 투계 조련사에게 최고의 싸움닭을 만들 것을 명령했다.

열흘이 지나자 왕은 닭싸움에 내 보낼 수 있겠냐며 물었다.

기성자는 "닭이 강하긴 하나 교만하여 자신이 최고인 줄 안다" 며 아직 멀었다고 답했다. 열흘이 또 지나자 왕은 다시 물었다. "이제 그 닭을 닭싸움에 내 보낼 수 있겠느냐?"

기성자가 대답하기를 "아직 안 됩니다. 교만함은 버렸으나 상대방의 소리와 그림자에도 너무 쉽게 반응하기 때문에 인내심과 평정심을 길러야 합니다." 다시 열흘 뒤에 왕이 또 물었다.

"이제 되었느냐? 싸움에 내보낼 수 있느냐 ?"

"조급함은 버렸으나 눈초리가 너무 공격적이라 눈을 보면 닭의 감정상태가 다 보입니다. 아직은 힘듭니다."

마침내 40일째가 되던 날 기성자는 왕이 원하던 대답을 했다.

"이제 된 것 같습니다. 상대방이 아무리 소리를 지르고 위협해도 반응하지 않습니다. 완전히 편안함과 평정심을 찾았습니다. 다른 닭이 아무리 도전해도 혼란이 없습니다. 마치 나무로 만든 닭같이 '목계木鷄' 가 됐습니다. 이젠 어떤 닭이라도 바라보기만 해도 도망칠 것입니다" "

_장자, [달생편達生篇]

장자의 달생편達生篇에 나오는 이 이야기에서 우리는 우리가 어떤 행동과 반응을 하는 것, 즉 존재하는 것보다 그 어떤 동요나 반응이나 행동도 하지 않는 것, 존재하지 않는 것이 더 큰 위력을 발휘한다는 사실을 깨달아야 한다. 상대방이 아무리 큰 소리로 위협을 하고, 싸움을 걸어도, 조급함이나 두려움이 존재하지 않는다면 상대방은 함부로 달려들지 못하고 도망칠 것이다.

누군가가 싸움을 걸고, 화를 나게 할 때, 우리가 욕심을 버리고, 초연해진다면 그 어떤 동요나 반응을 보이지 않을 수 있게 된다. 그렇기 때문에 결론은 욕심을 버리고, 집착을 버린다면 더 빨리 갈 수 있고, 더 잘 갈 수 있다는 것이다.

작은 것이 큰 것이고, 눈에 보이지 않는 것이 보이는 것보다 더 강력한 힘을 가지고 있다는 사실에 대해 우리는 눈을 떠야 한다. 그 어떤 달변보다 침묵이 더 강한 힘을 발휘한다는 사실을 알아야 한다. 최고의 영업사원들은 평범한 영업사원들이 상대를 설득하기 위해 쉬지도 않고 수많은 말들을 내뱉을 때, 상대방보다 훨씬 더 적은 말을 하는 경향이 있다. 그것이 바로 존재하지 않는 말, 즉 침묵이 최고의 설득이라는 것을 대변해 주는 것이다. 그래서 훌륭한 커뮤니케이션 전문가들은 설득을 위해 침묵을 사용하라고 강조한다.

침묵! 존재하지 않는 것이 존재하는 그 어떤 달변보다 더 강력하다. 침묵하기 위해서도 인위적으로 무엇을 어떻게 하려고 하는 욕심, 빨리 무엇인가를 해결하고자 하는 욕심, 정확히 상황을 종결지으려고 하는 욕심을 버려야 비로소 할 수 있는 것이 바로 침묵이다. 그런 점에서 욕심을 버리고 침묵할 때 당신은 더 많은 것을 얻을 수 있게 되는 것이다.

– 하루를 성공적으로 보내면 인생도 성공한다

1953년 인류 최초로 에베레스트를 등정한 에드먼드 힐러리 경에게 누군가가 '어떻게 에베레스트 산을 등정할 수 있었는지?' 에 대해 질문을 한 적이 있었다. 이 질문에 그는 이렇게 대답했다.

"생각보다 거대하거나 거창하지 않습니다. 방법은 간단합니다. 제가 내 디딜 수 있는 만큼의 한걸음을 내디디고, 그 다음에는 그 반대편 한걸음을 내디디면서 걸어서 올라갔습니다. 진정으로 올라가고자 바라는 사람은 그것을 멈추지 않고 끝까지 합니다."
_에드먼드 힐러리

그의 말처럼 인생에 있어서 큰 성공을 하고자 한다면 멈추지 않고 한걸음 한걸음을 내디딜 줄 알아야 한다. 우리가 인생을 살면서 성공하지 못하는 이유 중의 하나는 성공을 너무 큰 것이라고 여기고 작은 하루하루를 성공적으로 보내지 못하기 때문이다. 자신보다 훨씬 더 큰 성공을 우리는 붙잡을 수도 없고, 만들 수도 없고, 요리해서 먹을 수도 없다. 마치 이것은 우리가 아무리 멀리 가고, 높은 곳에 오르려고 해도 절대적으로 우리의 보폭보다 큰 걸음을 내디딜 수가 없다. 멀리 가고 높은 곳에 오르려고 한다면 반드시 자신의 보폭만큼의 한걸음 한걸음을 걸어가야 한다. 자신보다 작아야 우리는 그것을 붙잡을 수도 있고, 마음대로 창조할 수도 있고, 요리해서 먹을 수도 있다.

성공은 마치 코끼리를 잡아먹는 것과 같은 것이다. 우리 대부분은 코끼리보다 작다. 확실한 사실은 코끼리는 우리보다 크다는 것이다. 당신이라면 만약에 코끼리를 잡아먹어야 할 상황이 된다면 어떻게 잡아먹을 것인가?

당신이 어떤 방법을 강구하든 정답은 하나다. '한 번에 한입씩' 이다. 그리고 그러한 한입씩이 모여서 거대한 코끼리 한마리가 되는 것이다. 우리의 인생에서 성공도 역시 그렇다. 성공도 너무 거대해서 지금 당장 오늘 하루 어떻게 치열하게 살아간다고 해도 그것이 당장 눈앞에 보이지 않는다. 하지만 '한 번에 한입씩' 먹는 것처럼 '하루에 하루만큼의 성공' 을 할 수는 있다.

어떤 두 사람이 있다. 이 두 사람의 인생의 목표와 성공은 위대한 작가가 되는 것이다. 하지만 이 두 사람은 모두 40대가 되기 전까지는 글이라고는 한 번도 써보지 못한 평범한 직장인이다. 그것도 이제는 직장에서 퇴출당한 실직자이고 백수다. 이런 두 사람이 위대한 작가를 인생의 목표로 삼고, 성공의 기준으로 삼았다는 것이 매우 의아하다. 하지만 이 두 사람의 하루를 살펴보면 매우 차이가 나다.

첫 번째 사람은 큰 목표인 작가가 되기 위해 뜨거운 열정과 갈망을 가지고 있다는 것을 쉽게 느낄 수 있다. 3년 후에는 첫 번째 책을 출간할 것이고, 10년 후에는 반드시 베스트셀러 작가가 되어 있을 것이고, 20년 후에는 반드시 세계적인 작가가 되어 있을 것이라고 스스로 다짐하면서 꿈을 꾼다. 하지만 그 큰 목표를 위해 오늘 하루 그가 한 것을 보면, 남들과 비슷한 삶을 살았다는 것을 알 수 있다. 그의 거창한 목표나 꿈에 비해서는 하루의 삶의 내용이 남들과 별반 다르지 않다.

두 번째 사람은 큰 목표를 이루기 위한 열정과 갈망은 첫 번째 사람과 다를 바 없다. 하지만 그는 하루를 누구보다 치열하게 살았다. 남들보다 더 일찍 일어나 책을 읽었고, 남들보다 더 열심히 시간을 아껴서 책을 읽었다. 그리고 그는 남들이 빈둥빈둥 허비하는 시간을 아껴서 체력을 위해 운동을 했고, 시간을 아껴서 하루에 꼭 열 장씩 글을 썼다. 그는 하루에 꼭 책을 5권씩 읽었다. 그는 하루에 꼭 기도와 명상을 하면서 사고와 의식을 확장시키고, 마음을 챙겼다.

자. 이 두 사람 중에 어떤 사람이 10년 후에 베스트셀러 작가가 되어 있을까? 누가 위대한 작가가 20년 후에 되어 있을까? 오늘 하루 어떤 삶을 살았는지를 보면, 그 사람의 10년 후가 보인다.

인생에서 위대한 성공을 하고, 위대함을 이루는 사람들은 하루하루를 실패하지 않고 성공하는 사람들이다. 그들은 하루에 해야 할 목표를 반드시 하고, 삶의 균형을 위해 몸과 마음을 단련하고, 동시에 몸과 마음에 충분한 휴식을 선사해 준다. 성공하는 사람들의 하루를 살펴보면 건설적이고 알찬 활동들로 가득 차 있다.

운동, 취미 활동, 휴식, 하루 목표 달성, 독서, 공부, 봉사, 영화 등과 같은 것들로 말이다. 하지만 실패하는 사람들의 경우를 보면 그저 시간을 낭비하는 그런 활동들로 가득 차 있음을 알 수 있다. 빈둥빈둥 시간 보내기, tv 시청하기, 전화해서 수다하기, 눈앞의 일만 정신없이 하기, 쇼핑하기, ... 등과 같은 일들이다.

물론 tv 시청이나 쇼핑이 나쁜 것은 아니다. 하지만 불필요하게 많이 하는 것은 더 가치 있는 일, 가령 독서나 운동을 할 시간을 침해하기 때문에 나쁘게 악용이 되는 결과를 초래 할 수 있다.

인생에서 성공하고 싶다면, 그날 하루하루만큼의 성공을 하라는 것이다. 하루만큼의 성공을 한다는 것은 그날 하루 동안 공부와 독서, 운동과 휴식, 삶에 활력을 심어주는 취미 활동과 레저 활동, 인생의 목표 달성을 위해 하루 동안 반드시 하고자 설정한 하루 목표량 달성 등을 하면서 주어진 하루를 매우 알차게 보낸다는 것이다.

– 인생은 엄청나게 작은 도미노들로 구성된 게임이다

인생은 마치 책과 같다. 책은 수백 페이지, 수만 개의 문장, 그리고 수십만 개의 단어들로 이루어져 있다. 그런데 인생도 이와 같다. 수백 개의 기쁨과 환희와 절망과 꼬리에 꼬리를 무는 연속되는 사건들과 이야기로 이루어져 있다. 그래서 이런 점에서 책과 같다고 할 수 있다. 하지만 책과 다른 점도 있다. 그것은 인생은 미완성이라는 것이다. 하지만 책은 어떻게든 결말이 존재한다는 것이다. 그런 점에서 인생은 게임과 같은 것이다.

어떤 게임이든 완성이란 것은 존재하지 않는다. 우리는 게임을 무한 반복해서 하는 것처럼 인생도 역시 그렇다. 하루 24시간이 반복되고, 1년 365일이 반복된다. 순간순간을 작은 도미노라고 한다면 인생은 그러한 엄청나게 작은 순간들, 즉 도미노로 구성된 하나의 게임과도 같은 것이다.

도미노 게임에서 승리하기 위해서는 중간에 먼저 넘어지거나 빠진 도미노가 없어야 한다. 순간순간을 최선을 다해 살아야 하고, 그것이 지속되어야 한다. 그렇게 알차게, 빠짐없이 도미노가 연결되어 꽉 채워져 있을 때 비로소 도미노는 중간에 멈추지 않고 끝까지 이어지게 되는 것이다.

인생 역시 그렇다. 순간의 실수로, 홧김에 범죄를 저지르게 되거나, 울컥 하는 마음에 극단적인 선택을 하게 되면, 그것을 보상할 방법은 없다. 그러한 순간이 어쩌다가 한두 번이라면 모르겠지만 자주 있다면 인생이라는 하나의 거대한 도미노는 끝까지 이어지지 못하고 멈추게 되는 도미노가 되고 말 것이다. 그것이 바로 실패한 인생이라고 할 수 있다.

도미노 게임에서 중요한 것은 수많은 작은 도미노들이 정확하게 충실하게 그 위치에 존재하는 것이다. 이와 마찬가지로 인생에서 중요한 것은 하찮게 여겨질 수도 있는 작은 순간순간을 얼마나 충실하게, 그리고 얼마나 유익하고 생산적으로 보냈느냐 하는 것이다. 그것이 결국에는 인생의 성공을 끝까지 이어지게 해 주는 중요한 하나의 도미노들이 되어 주기 때문이다.

우리의 가장 큰 문제는 너무 거창하고 너무 큰 것만을 중요시 한다는 것이다. 우리가 가장 중요시해야 하는 것은 작고 하찮게 보이는 일상이고, 매일 만나는 사람들이고, 매일 맞이하는 하루하루이고, 순간순간인 것이다. 지금 이 순간을 알차게 보내고, 생산적으로 보내는 것은 바로 그 순간에 필요한 도미노를 확고하게 세우는 것이다. 그것이 지금은 가시적인 효과로 나타나지 않을 지라도 먼 훗날 인생이라는 도미노를 시작할 때, 군데군데 멈추는 인생과 단 한 군데의 멈춤도 없이 멋지게 이어지는 환상적인 도미노를 연출해 주는 인생을 가르는 중요한 것이 되어 주는 것이다.

– 일상에 기적이 깃들어 있다

30년 동안 무명 배우라는 힘겨운 삶을 살았던 한 배우가 있다. 그는 그 와중에 이혼까지당하고, 알코올 중독자가 되기도 했다. 하지만 그에게도 기적은 있었다. 환갑이 다 되어 가는 나이인 58세에 유명한 배우로 성공했기 때문이다. 그의 이름은 바로 '모건 프리먼' 이다. 그가 주연했던 영화 [브루스 올마이티Bruce Almighty]에 보면 자신의 기적과 같은 삶을 연상할 수 있는 대사가 나온다.

"자네, 기적을 보고 싶나? 그러면 스스로 기적이 되어 보게!"

(You want to see a miracle, son? Be the miracle!)

이 대사처럼 우리는 스스로 자신의 삶과 자신을 기적

그 자체로 만들 수 있다. 그리고 더 중요한 사실은 그 기적은 우리의 작은 소소한 일상 속에 깃들어 있다는 것이다.

하루하루의 보잘것없는 일상 속에 거대한 기적의 씨앗이 숨겨져 있다는 사실을 알아야 한다. 그러한 사실을 가장 잘 깨닫게 해 주는 인물이 바로 [해리포터 시리즈]로 세계적인 갑부가 된 조앤 K. 롤링일 것이다.

그녀의 놀라운 기적은 그녀가 우는 아이를 유모차에 태우고 다니면서 아이가 잠을 자는 동안 집 앞의 카페의 구석과 공원에서 아무 기약도 없는, 전문가의 말에 의하면 돈도 되지 않는 아이들 이야기를 한 줄 한 줄 써 내려 가는 그러한 작은 일상에서 비롯되었던 것이다.

그녀는 20대 중반에 가난에 찌든 싱글맘으로, 이혼녀로, 실직자로, 정부 보조금 지원을 받는 자로, 인생에 있어서 가장 비참한 밑바닥 인생을 경험했다. 그녀의 삶은 너무나 끝없는 추락을 하였기에 자살 충동에도 휩싸이기도 할 만큼 그 어떤 희망도 보이지 않은 삶이었다. 하지만 그녀는 그러한 삶의 절망과 흑암과도 일상 속에서 엄청난 기적의 씨앗을 심었던 것이다. 그녀가 일상을 통해 그러한 기적을 심지 않았다면, 그녀는 전세계 67개 이상의 언어로 번역되어 자그마치 5억 2,000만부 이상의 판매라는 전무후무한 베스트셀러 작가라는 기적을 경험하지 못했을 것이다. 이처럼 기적은 우리의 소소한 일상 속에 깃들어 있다. 문제는 소소한 일상 속에서 남과 다른 사고와 행동을 하느냐 하는 것이다.

조앤 롤링은 남들이 다 선호하고, 출판사에서 선호하는 성인을 대상으로 하는 자기계발이나 유행을 쫓아가지 않았다. 그녀는 남과 달랐다. 자신이 가장 잘 할 수 있는 분야를 선택했고, 그것에 집중했다. 그녀가 초유의 베스트셀러가 될 수 있었던 이유 중의 하나는 바로 이것이다. 남들이 전혀 주목하거나 관심을 두지 않는 아동용 도서라는 차별화였던 것이다.

우리의 평범한 일상에 깃들어 있는 기적을 발견하고, 우리의 삶이 기적이 되기 위해서는 남과 다른 일상을 보내야 한다는 사실도 명심해야 한다.

기적은 멀리 있지 않다. 우리가 우리 자신에 대해 생각하는 작은 생각을 약간만 바꾸면 그것은 눈덩이처럼 부풀려서 큰 효과를 내고, 그로 인해 인생에 기적을 맛볼 수 있게 된다. 우리가 타인에 대해 부르는 호칭이나 생각만 바꾸어도 상대방이 놀랍게 변하는 것도 기적이라고 할 수 있다.

누군가에 대해서 우리가 거짓말쟁이라고 하는 순간 그 사람은 진짜로 거짓말쟁이가 되어 버린다. 이것이 마술이 아니고 무엇일까? 이것이 기적이 아니고 무엇일까? 우리는 하루를 살면서도 이런 기적들을 수도 없이 많이 경험한다. 하지만 이렇게 우리가 사는 일상에 수많은 기적들이 깃들어 있음에도 우리는 그것을 깨닫지 못 하고 있다는 것이 사실이고 현실이다.

변화시키기 힘든 것 중에 하나가 상대방이다. 그리고 자녀들이다. 하지만 우리들은 알게 모르게 놀랍게 상대방을 지금까지 변화 시켜 왔다. 그것도 말 한 마디로 말이다.

우리가 상대방을 만나서 이런 말을 했다고 하자. ‘선생님은 매우 자상해 보이시네요.’ ‘선생님은 매우 용감해 보이시네요.' 이런 말을 듣게 된 상대방은 자신도 모르게 자상해지고, 용감해 진다. 우리가 자녀들에 대해서 '역시 우리 아들은 멋진 아들이야. 항상 노력하고 울지도 않고 씩씩하고 아빠 말도 잘 듣고 말이야. 최고야 최고.' 라는 한 마디 말을 통해 우리들은 알게 모르게 우리 자녀들이 정말 멋지고 항상 노력하고 항상 씩씩하고 항상 부모님들의 말을 잘 듣는 자녀로 조금씩 변화 시켜 간다는 것이다.

심리학에서 말하는 '레테르 효과(letter effect)'가 바로 이것이다. 우리가 상대방에 대해 기대하는 바나 혹은 어떤 라벨을 붙이게 되면 상대방은 그 라벨에 어울리는 사람으로 변한다는 것이다.

'저 사람은 정말 친절한 사람인 것 같아.'
'당신은 정말 헌신적인 사람이군요.'
'당신은 정말 나쁜 사람이군요'

이와 같은 라벨이 우리에게 붙는 순간 우리는 무의식적으로 자신에게 붙은 라벨과 비슷한 성향의 사람으로 변해 간다. 마치 물에 빨간 물감을 한 방울 넣은 것처럼 말이다.

우리의 일상에 깃든 기적들은 이것뿐만이 아니다. 남이 우리에게 라벨을 붙여주는 것처럼 우리는 스스로에게 라벨을 붙여 줄 수 있다. 그것이 바로 '자기 규정 효과(self-definition effect)' 혹은 ' 자성 예언(self-fulfilling prophecy, 自成豫言)'이다.

우리가 우리 스스로에 대해 규정하고 생각하게 되면 실제로 그런 사람이 되어 버린다는 것이 기적이 아니고 무엇일까? 가장 창조적인 사람들의 가장 큰 특성은 스스로 자신이 창조적인 사람이라고 생각하고 그렇게 규정해 버린다는 것이다. '나는 이런 이런 사람이다.' 라고 스스로를 규정해버리게 되면, 그러한 규정과 생각이 행동에 영향을 주고, 행동을 결정하게 되고, 그러한 행동은 모여서 운명과 미래를 결정하게 되는 것이다.

우리가 지금 하는 말과 생각이 결국에는 우리의 미래와 운명과 인생을 바꾸어 놓는 다는 것이다. 이것이 기적이 아니라면 무엇일까?

말하고 생각하는 것보다 더 큰 일상에 깃든 기적 중에 하나는 '왓칭' 이라고 할 수 있다. 우리가 우리 자신과 우리 자신의 행동을 바라보는 것만으로도 왓칭의 대상을 변화시킬 수 있다는 것이다.

25년차 MBC 기자이자 앵커였던 김상운 기자가 쓴 책인 [왓칭: 신이 부리는 요술]이라는 책에 보면 인생의 모든 고민과 생각들을 살짝 바꾸어 바라보는 시각을 다르게 하면 다 해결 될 수 있다는 사실을 발견할 수 있다.

이것은 양자물리학에서 주장하는 '관찰자 효과' 라는 과학적인 근거를 토대로 하고 있다. 우리가 바라보는 대상의 지능도, 몸도, 마음도, 물질도 다 바꾸어 놓을 수 있다는 것이다. 노벨물리학상 수상자들인 베르너 하이젠베르크, 막스 플랑크, 닐스 보어, 아인슈타인 등이 모두 이러한 사실에 대해 인정을 했던 것이다.

하버드 대학의 랭거 교수는 여러 호텔의 청소부 84명

에게 청소 활동의 운동량을 설명해 주었고, 청소를 할 때 자신의 행동에 대한 효과와 모습을 스스로 바라보게 해 주었다. 한 달 후 그들의 건강 상태와 몸은 몰라보게 달라졌다. 그 전에도 그들은 똑같은 청소를 했고, 똑같은 활동을 했다. 하지만 왓칭을 새롭게 하고, 바꿈으로써 자신의 체중과 지방과 혈압과 허리둘레가 크게 감소하는 것을 경험하게 되었던 것이다.

결국 우리의 인생과 운명을 바꾸는 것은 결정적이고 큰 한 방이 아니다. 일상에서 우리가 수도 없이 하는 생각, 말, 시선을 다르게 함으로써 우리의 인생과 운명과 미래가 모두 바뀌게 된다는 것이다.

결론은 작은 것이 큰 것이며, 우리의 일상에는 우리가 알지 못했던, 깨닫지 못 했던 엄청난 기적들이 깃들어 있다는 것이다.

– 작은 차이가 승부를 결정한다

올림픽과 같은 큰 경기에 출전하여 결승전에까지 진출

하는 선수나 팀들의 기량은 전문가들이 아무리 분석을 해도 우열의 차이를 가리기 힘들 만큼 비슷하다는 것을 알 수 있다. 그야말로 종이 한 장 차이인 것이다. 실력만으로 비교할 때 어떤 선수가 금메달을 획득하고 어떤 선수가 은메달을 획득할 지를 판단할 수 없는 경우가 비일비재하다.

그래서 종이 한 장의 차이만큼 작은 차이가 승부를 결정하게 된다. 스포츠뿐만 아니라 정치인들의 선거, 취업, 입시, 승진 등 모든 인생사가 그렇게 치열한 경쟁의 모습을 하고 있다. 그렇기 때문에 이러한 경쟁의 세상속에서 승부를 결정하는 것은 너무나 근소한 작은 차이라는 점은 우리에게 뭔가 다른 것을 요구하고 있다는 사실에 대해 한번 정도는 생각해 보아야 한다.

다시 말해, 경쟁자나 경쟁 기업에서 스마트폰의 화질에 승부수를 띄우고, 세계 최고의 화질을 개발하고 구현시켰다면 우리는 스마트폰의 화질에 승부수를 띄워서는 안 된다. 그것과 전혀 다른 곳에서 승부수를 띄워야 한다. 그것이 바로 차별화가 필요한 이유이다.

남들보다 더 빨리, 더 멀리, 더 높이 뛰면 승리하는 스포츠에서도 남들보다 약간만, 0.1초 혹은 0.01초만 빨리 뛰면 승리자가 되듯, 기업 경영에서든 사회생활에서든 남들보다 종이 한 장 차이만 앞서고 남다르면 승리는 당신의 것이 되는 것이다.

약간만 더 남다르고, 약간만 더 차별화할 때 당신에게 주어지는 보상은 남들보다 몇 배 혹은 몇십 배가 된다는 사실이다. 스포츠 세계에서 1등과 2등의 실력 차이는 그야 말로 종이 한 장 차이이지만, 1등이 받는 명예와 인기와 부는 2등이 받는 그것들보다 몇 배 혹은 몇십 배 이상으로 차이가 난다.

승자 한 명이 모든 것을 독식하는 그런 승자 독식 사회로 우리 사회는 빠르게 변하고 있다. 구글, 애플, 마이크로소프트사, 코카콜라, IBM, 삼성 등 세계 최고 기업들의 상품들이 전세계를 독식하고 있는 것이다. 그런데 놀라운 사실은 이런 세계 최고의 기업들이 평범한 기업에서 최고의 기업으로 도약할 때, 엄청난 실력 향상이나 실력 차이로 인해 도약한 것이 아니라 정말 종이 한 장 차이로 인해 도약하게 되었다는 점이다. 일단 도약하게 되면 그 다음부터는 그들에게 엄청난 보상이 주어지게 되고, 그로 인해 진짜 최고 기업으로 옷을 갈아 입게 되는 것이다.

우리 인생도 이와 다르지 않다. 공부를 잘 하는 사람, 즉 전교 1등 하는 사람과 전교 2등 하는 사람은 약간의 차이 밖에 없다. 하지만 학교가 달라지고, 직업이 달라지고, 지위가 달라진다는 것이다. 즉, 이들의 학교 성적 차이에 비해서 이들이 십 년 후에 받게 되는 보상의 차이는 몇십 배, 혹은 몇백 배로 많아진다.

모든 승부를 결정하는 것은 엄청난 차이가 아니라 작은 종이 한 장의 차이이다. 그리고 그 작은 차이로 인해 승부가 결정나는 순간 보상의 차이는 상상도 못할 정도로 엄청나게 큰 것이 우리가 사는 세상이다. 그렇기 때문에 20%의 인간이 80%의 부를 독차지할 수 있게 되는 것이다.

이러한 사실을 정확하게 안다면 작은 차이를 가볍게 여겨서는 안 된다. 그 작은 차이 중에서도 가장 강력한 차이는 뭐가 달라도 남과 다른 그러한 차별화라고 할 수 있다. 남과 다른 차별화가 아주 작지만 있는 것과 전혀 없는 것은 또한 큰 격차를 만들어 낸다.

차를 마시는 다방은 우리나라에서 옛날부터 존재했다. 커피를 마시는 곳이라는 의미에서 다방과 스타벅스와 같은 커피 전문점은 동일한 업종이다. 하지만 다방은 절대로 세계적인 기업이 될 수도 없으며, 되지 못했다. 다방을 운영하는 사람들이 부자가 되었다는 얘기를 들어 본 적이 없다. 하지만 커피를 파는 곳이라는 점에서 다방과 같은 스타벅스와 같은 커피 전문점은 지금 세계적인 기업이 되었고, 엄청난 갑부가 되었다. 처음 시작할 때는 종이 한 장 차이였다. 하지만 그 종이 한 장의 남과 다른 작은 근소한 차이가 결국에는 시골에만 존재하며 운영조차 힘든 다방과 전세계에 엄청나게 존재하는 커피 전문점이라는 세계적인 기업이라는 엄청난 차이, 비교 불가능한 차이를 만들어 내었던 것이다.

우리가 명심해야 할 것은 작은 것, 작은 차이, 작은 남다름, 작은 차별화가 결국에는 큰 것이 되어 되돌아온다는 사실이다.

"경쟁의 세계에는 두 마디 어휘밖에 없다. 즉 '이기느냐, 지느냐' 이다." 라고 말한 처칠은 옳았다. 그리고 그 두 마디를 가르는 차이는 매우 작은 차이이다. 그리고 그 작은 차이의 핵심은 실력이 아니라 남과 다른 차이, 즉 차별화라고 할 수 있다. 작은 차별화가 큰 성과를 이끌어 낸다는 사실을 우리는 명심하도록 해야 할 것 같다.

제 4 부. 단순하게 사는 것이 성공하는 것이다.

“인생의 많은 부분을 제거하라.”
_리처드 왓슨, 미래학자

“어떤 직업도 당신의 미래를 보장하지 않는다. 당신의 미래를 보장하는 것은 직업이 아니라 당신 자신이다.”
_빌 코스비

“간소화할 것! 두세 가지 일에 관련되는 것만으로 충분하다. 하물며 백 가지, 천 가지 일에 관련되는 것은 어리석은 짓이다.”
_헨리 데이비드 소로

– 기다리는 것은 실패하는 것이다

우리는 지금까지 기다림에 적응하며 살아왔다. 무슨 큰 일을 하거나 목표를 달성하기 위해서는 반드시 철저한 준비를 하고, 때가 올 때까지 기다리면서 인내하라고 배워왔다. 그런데 우리 주위에 성공한 사람들을 보면 이러한 교훈이 전혀 들어맞지 않는 다는 사실을 알게 된다.

보통 우리가 듣게 되는 말은 착실하게 공부하고, 대학교를 졸업하고, 좋은 학교의 졸업장을 가지고, 어느 정도 경험을 쌓은 후에 사업을 하라는 말이다. 하지만 빌 게이츠나 스티브 잡스를 보면 이 말도 전혀 다르다는 사실을 어떻게 설명하고 이해해야 하는 것일까?

이들은 모두 대학교를 열심히 그리고 착실하게 다니면서 충분히 학식을 쌓고, 졸업 후에 경험을 쌓은 후에 사업을 시작한 이들이 아니었다. 대학교를 그냥 중퇴하거나 다니지 않고, 그 어떤 경험도 쌓지 않은 채 그저 기다리지 않고 단지 just do it 한 인물들이다.

이런 사례는 많다. 위대한 성공을 거둔 사람일수록 그렇다. 전세계 최연소 억만장자인 마크 주커버그 역시 착실하게 대학을 졸업하고, 충분한 경험을 쌓을 때까지 기다린 후 창업한 사람이 아니다. 정반대이다. 그는 그 어떤 기다림도 허용하지 않았다. 그 어떤 준비도 하지 않은 채 그저 just do it 한 것이다.

마커 주커버그로 하여금 최연소 억만장자가 될 정도로 크게 성공하게 해 준 것은 바로 기다리지 않았다는 것이다. 그가 졸업하고 충분한 경험을 쌓을 때까지 착실하게 기다렸다면 또 다른 누군가에 의해 페이스북과 비슷한 것이 먼저 탄생했을 수도 있었을 것이다.

그리고 그가 기다렸다면 충분한 학식과 충분한 경험을 통해 그는 편하고 쉽고 안전하고 돈을 많이 주는 그런 신의 직장 같은 곳에서 만족하며 살았을 지도 모를 일이었다. 이러한 사실들을 모두 종합해 볼 때, 기다리는 것은 이만저만 손해 보는 것이 아니다.

기다리는 것은 실패하는 것이고, 실패로 가는 지름길이다.

이러한 사실에 대해 똑같이 주장하는 사람이 있다. 독일의 시인이며 철학자인 프리드리히 니체이다. 그가 한 말을 살펴보자.

"지구 구석구석은 기다리는 사람들로 가득하다. 자신

이 마냥 기다리고 있다는 사실을 대부분은 모르며, 그 기다림이 헛수고라는 사실을 모르는 사람들은 훨씬 더 많다. 간혹 이들이 미명에서 깨어나는 경우도 있지만 사람들을 실제로 행동에 나서도록 해 주는 사건은 너무 뒤늦게 찾아온다. 가만히 앉아서 기다리기만 하다가 왕성하던 젊음과 기운이 다 사라져 버린 뒤에 말이다. 그래서 많은 이들이 '뛰어올라야 하는' 그 순간 팔다리는 감각을 잃고 영혼은 너무 둔해졌다는 사실을 깨닫는다. 스스로에 대한 믿음을 잃어 영영 쓸모없는 존재가 돼 버린 그들은 혼자 중얼거린다." 너무 늦어 버렸어."

_로버트 그린, [50번째 법칙], 106쪽

그의 말대로, 기다리는 사람들로 지구 구석구석은 가득 차 있다. 그리고 바로 그러한 이유 때문에 지구 구석구석은 가난과 궁핍함으로 가득 차 있다.

시인 타고르는 '어리석은 사람은 서두르고, 영리한 사람은 기다리지만, 현명한 사람은 정원으로 간다.' 라는 말을 했지만, 이제는 기다리는 영리한 사람들이 너무 많아진 시대가 되었다. 그래서 기다리는 것이 더 이상 영리한 행동이 아니게 되었다.

우리가 어떤 행동도 하지 않는다면 어떤 변화도 기대할 수 없다. 기다리기 보다는 하찮아 보이고 작아 보이는 행동이라도 할 때 우리는 그 작은 실천이 얼마나 큰 일로 이어질지에 대해 알게 되고 놀라게 될 수 있기 때문이다. 기다린다는 것은 거창하고 중요한 일을 하기 위해 작고 보잘것없는 행동들에는 신경을 쓰지 않는다는 것을 의미한다. 하지만 거창하고 중요한 일을 성사시키기 위해 정작 필요한 것들은 하찮아 보이는 작은 행동들이다.

크게 성공한 사람들을 가까이서 만나보게 된다면 가장 먼저 느끼는 감정은 엄청난 압독적인 카리스마가 아니라 '평범한 사람' 이라는 감정이다. 우리가 예전부터 알고 있었던 평범했던 그 친구가 예상과 달리 큰일을 해내고 크게 성공했다는 소식을 듣게 되면 우리는 이렇게 말을 한다. '아니, 그토록 평범했던 그 친구가 어떻게 그런 엄청난 일을 해 낼 수 있었지, 어떻게 그렇게 평범했던 그 친구가 그렇게 큰 성공을 할 수 있었을까?'

하지만 평범하게 생각했던 그 친구들이 그렇게 큰 성공을 거둘 수 있었던 이유는 '작고 보잘것없이 보이는 작은 실천도 마다하지 않고 실천했기 때문' 이다. 태산이 태산이 될 수 있었던 이유, 바다가 바다가 될 수 있었던 이유는 바로 작고 보잘것없이 보이는 한 줌의 흙과 물을 마다하지 않았기 때문 '이다.

25미터까지 자라며 천년의 세월을 살 수 있다는 느티나무를 보라. 그 시작은 5mm도 되지 않는 작은 씨앗이다. 이처럼 위대한 성취는 작은 시작과 작은 실천에서 비롯된다. 천리길을 가고자 한다면 지금 당장 한걸음을 내디뎌야 한다. 그러고 나서 그 다음 작은 발을 내디뎌라. 그것만큼 확실한 방법은 없다.

머뭇거리고, 미루고, 더 나은 환경과 더 나은 조건을 기다리는 것은 당신을 가장 확실하게 실패하도록 만드는 길이다.

성공하는 사람들은 기회를 스스로 만들어 내는 사람들이다. 그리고 반대로 실패하는 사람들은 기회를 스스로 만들지 못하기 때문에 기다리는 사람들이다. 영국의 철학자인 프랜시스 베이컨Francis Bacon은 이러한 사실에 대해 다음과 같은 말을 했다.

“현명한 사람은 기회를 기다리지 않는다. 기회를 찾아, 기회를 장악하고, 기회를 정복하여, 기회를 자신의 노예로 만든다.”

그의 말처럼 기회를 기다리지 않고 기회를 찾고 장악하고 정복하는 사람들이 현명한 사라들이며 성공하는 사람들이다. 모든 성공은 기회 속에 숨겨져 있다. 그렇기 때문에 기회를 기다리는 것은 실패하는 것이나 다름없다. 반대로 기회를 찾아내고 장악하는 것은 성공으로 한 발짝 더 다가가는 것이다. 그리고 이렇게 기회를 기다리지 않고 찾아내고 장악하기 위해서는 작은 실천이라도 머뭇거리지 않고 미루지 않고 해 나가야 한다. 그런 점에서 실행이 모든 것이다. 무엇보다도 행동하는 자가 되어야 한다.

꿈이 아무리 크고, 목표가 아무리 숭고한 것이고, 생각이 아무리 남과 다르고, 아이디어가 아무리 기발한 것이고, 전략이 아무리 빈틈없고 완벽하고, 계획이 아무리 구체적으로 잘 짜였다고 해도, 그 모든 것을 가치 있게 만드는 유일한 한 가지는 기다림이 아니라 행동이다. 오늘 지금 이 순간이 지나가 버리면 다시는 그 순간이 되돌아

오지 않는다. 오늘 우리에게 주어진 기회는 바로 오늘 뿐이다. 내일은 기약할 수 없는 미래에 불과하다.

이러한 사실을 '이코노미스트'가 경영 구루 중의 구루라고 극찬한 톰 피터스top peters는 잘 알고 있었던 것 같다. 그는 자신이 저서 [인재, tompeters Essentials]에서 다음과 같은 재미있는 표현을 한 적이 있으니까 말이다.

"뭔가를 한다는 것이야말로 중요하지 않은가? 비즈니스 세계의 현주소에 관한 내 이야기의 엑기스를 비문으로 표현해 보겠다. 내가 가장 싫어하는 비문은 다음과 같다.

톰 피터스

1942 ~ 언젠가

그는 뭔가 정말로 멋진 일을 할 수도 있었다.

하지만 상사가 그를 내버려두지 않았다.

내가 정말로 원하는 비문은 다음과 같다.

톰 피터스

1942 ~ 엔젠가

그는 행동가였다.

'그는 부자였다' 나 '그는 유명했다', 또는 '그는 무엇이 옳은지 알았다' 가 아니라 '그는 행동가였다'. 다시 말해 기본적인 전제가 (수천 년은 아닐지라도) 수백 년 만에 가장 큰 변화를 겪는 지금 그는 수수방관만 하지 않았다.

일말의 용기나 진실을 간직한 사람이라면 다른 건 몰라도 이것 하나만큼은 인정해야 한다. 방관자의 자리에서 일어나 행동가가 되어야 하는 현실에서 누구도 벗어날 수 없다!

행동가가 되어라!"

_톰 피터스, [인재], 11쪽

그러므로, 이제 기다리지 말고 행동가가 되어 보자.

- 느긋함과 기다림은 다른 것이다

기다리는 것이 실패의 첩경인 이유는 기다린다는 것은 느긋함과 절대로 같은 것이 아니기 때문이다. 위대한 성공을 하는 사람들은 조급하지 않고, 느긋할 줄 안다. 하지만 그렇다고 마냥 기다리고 있거나 머뭇거리지는 않는다. 하루하루 해야 할 일을 어김없이 해 내면서도 느긋할 줄 알고, 자신만의 페이스를 유지하며 진군해 나갈 줄 안다. 이것은 머뭇거리고 갈팡질팡하고 미루고 기다리는 것과 완전하게 다른 것이다.

성공하기 위해 필사적으로 달려들고, 성공에 집착하여 조급해 하는 사람은 아이러니하게도 큰 성공을 하지 못한다. 그것은 성공에 너무 연연하기 때문에 자신의 페이스를 놓쳤기 때문이다. 큰 성공을 거둔 사람들은 절대 타인의 페이스에 연연하지 않는다. 자신만의 페이스를 확고하게 지키며 요지부동하지 않는다. 그래서 그것 자체가 그들에게는 최고의 느긋함인 것이다.

위대한 성공을 성취해낸 사람들에게는 거인과 같은 느긋함과 여유가 있다. 그것은 그들에게 남과 다른 삶을 살아 갈 수 있게 해 주는 원동력이 되며, 에너지가 된다. 그러한 원동력과 에너지가 없는 사람은 다른 사람과 보조를 맞추기 위해 수십 년간 혹은 평생동안 자신의 삶을 유보한 채 타인의 삶을 쫓아서 살아가게 된다. 그것이 바로 노예의 삶인 것이다. 자신의 삶의 주인이 자신이 아닌 타인의 시선이고 타인의 삶이기 때문이다.

미국 수필 문학의 최고봉으로 평가받고 있는 19세기 미국의 사상가이자 작가인 헨리 데이비드 소로가 쓴 [월든]은 톨스토이와 간디에게도 깊은 영향을 주었고, 그 어떤 인류보다도 바쁜 현대인들에게도 꾸준히 읽히는 명저이다. 이 책에서 소로는 남들과 보조를 맞추고, 남들의 삶과 가시적인 성공을 쫓아 살아가는 삶을 '삶 아닌 삶'이라고 말하면서, 그러한 삶 아닌 삶을 없애기 위해 월든 호수로 들어가서 세상과의 단절된 삶, 가장 단순한 삶을 살기로 결단했다고 말한다.

그때나 지금이나 사람들은 남들과 보조를 맞추기 위해, 즉 오두막집 한 채를 장만하기 위해 노동자가 15년씩이나 인생을 다 바쳐야 하는 삶을 살고, 아파트 한 채를 장만하기 위해 수십 년간 직장의 노예가 되어 타인의 삶을 살아야 한다. 이러한 삶에는 그 어떤 느긋함도 없다는 것이다. 그리고 그러한 느긋함이 없다는 것은 다른 말로 그 어떤 차별화나 남다른 것이 존재하지 않는다는 것이다. 가장 큰 문제는 바로 이것이다.

남과 다른 것이 한 구석도 없다는 것!

남과 다른 것이 한 구석도 없다는 것은 공장에서 나사 하나라도 다르지 않는 똑같은 수십 만 개의 나사로 이루어진 수많은 로봇 중의 하나와 전혀 다를 바가 없다는 사실이다. 자신을 유일무이한 존재로 만들 것인지, 아니면 남들과 전혀 다를 바 없는, 그래서 있든 없든 아무도 신경쓰지 않는 그런 존재로 자신을 전락시킬 것인지는 자기 스스로가 선택하는 것이다.

스티브 잡스가 이 세상을 떠났을 때 전세계인들은 그를 추모하며, 그의 존재의 거대함을 느낄 수 있었다. 그리고 그렇게 된 가장 큰 이유는 스티브 잡스와 같은 사람은 유일무이한 존재였기 때문이다.

자신의 일에 몰두하고 몰입하고 집중하여 미친 듯이

일한다는 것과 느긋함을 고수한다는 것은 전혀 다른 일이지만 결코 배척되는 것은 아니다. 직장에서 아이폰을 만들 때의 스티브 잡스는 전자의 모습을 하고 있었다. 하지만 퇴근해서 집에 들어오면 그 어떤 가구도 없는 텅 빈 방 안에서 그는 누구보다 더 큰 느긋함과 여유를 명상을 통해 느꼈던 것이다. 그러한 느긋함과 여유는 그에게 정신적으로 활력이 되어 주었고, 새로운 아이디어의 원천이 되어 주었던 것이다.

눈앞의 성공에 연연하여, 가시적인 성과를 내고자 조급한 마음으로 CEO로서 성공에 집착했다면 스티브 잡스는 인류에게 스마트폰 혁명을 가져다 준 주인공인 아이폰을 개발하지 못했을 것이다. 그에게 단순함의 미학인 아이폰을 만들 수 있게 해 준 것은 그가 가진 느긋함과 여유에서부터 비롯되었던 것이다.

느긋함과 여유를 가질 수 없는 사람들은 이 세상의 복잡함에 치여 살게 되고, 자기 자신의 머리와 몸이 번잡하게 될 수밖에 없다. 그 결과 그런 사람들이 만들어 내는 모든 창작물들은 자신의 내면인 몸과 마음속의 상태를 그대로 발현해 내는 것에 불과하게 된다. 그렇기 때문에 그들이 만들어 내는 것은 복잡한 고기능, 고성능의 제품들일 것이다.

애플은 스마트폰 업계에서 후발주자였다. 스마트폰에 대한 축적된 기술력이나 경쟁력은 매우 약했다. 하지만 애플의 아이폰이 전세계인들의 마음을 사로잡을 수 있었던 것은 단순함과 편리함과 감성 때문이었다. 아이폰은 절대적으로 복잡한 고기능, 고성능의 제품들과는 다른 차별화가 존재했기 때문이다.

노키아나 다른 선발주자들에게는 엄청나게 축적된 기술력과 자본력과 마케팅 노하우가 있었었다. 그래서 그런 업체들은 자신의 기술력을 믿고, 스마트폰에 불필요한 기능들을 다 집어넣었다. 그 결과 스마트폰은 심플하지 않았다. 고기능, 고성능의 복잡다단한 느낌을 주는 폰이 되었던 것이다. 고객들은 이런 제품을 외면할 수밖에 없었다.

이것은 마치 고성능, 고기능의 세계 최초의 초음속 여

객기인 콩코드 여객기를 고객들이 외면한 것과 같은 현상이다. 1969년 영국과 프랑스가 합작 생산한 세계 최고의 초음속 여객기는 1976년 운항을 시작했지만, 사람들이 외면했다. 그 결과 계속 적자를 면치 못하다가 2003년 운항을 중단하고 말았다.

복잡하고 바쁘게만 살아왔던 이들이 아무리 높은 기술력과 자본력으로 만들더라도 그것만으로는 고객들을 사로잡을 수 없다. 우리의 내면에는 느긋함과 여유, 한 차원 높은 감성이 있다. 그것을 만족시켜 줄 제품만이 우리를 사로잡을 수 있다. 후발주자에 불과했던 애플이 스마트폰 업계에서 최고가 되어, 인류에게 스마트폰 열풍이라는 선물을 선사해 줄 수 있었던 것은 스티브 잡스의 느긋함과 여유가 아이폰에 심겨졌기 때문이다. 그러한 느긋함과 여유, 한 차원 높은 감성은 그 어떤 제품보다 더 큰 경쟁력이 되어 주었던 것이다.

1971년 미국의 시애틀에서 시작된 작은 구멍가게에 불과했던 커피 전문점 스타벅스가 2005년 '포춘' 지에 세계100EO 최고 직장 중의 하나로 선정될 수 있을 만큼 거대한 세계적인 기업으로 도약할 수 있었던 이유도 바로 '느긋함과 여유'를 고객들에게 제공해 줄 수 있는 '제3의 장소'가 되어 줄 수 있었기 때문이다.

- 단순함이 최고가 되는 길이다.

"Simple is Best"

필자가 개인적으로 좋아하는 말 중의 하나이다. 그리고 이미 위대한 업적을 성취해 낸 사람들이 가장 좋아하는 접근 방법 중의 하나라고 할 수 있다.

공부를 잘하는 사람과 못하는 사람의 차이는 바로 자신의 공부를 얼마나 단순하게 해 낼 수 있느냐에 달려 있다. 수영을 잘하는 사람과 못하는 사람의 차이도 바로 이것이다. 위대한 과학자와 평범한 과학자의 차이 역시 이것이다. 위대한 경영자들과 평범한 경영자들을 가르는 차이역시 바로 이것이다. 위대한 인생을 살았던 사람들과 그렇지 못한 사람들의 유일한 차이역시 바로 이것이다.

단순함은 곧 최고가 되는 길이며, 단순함은 곧 힘이며, 전략이며, 지혜이며, 강함이며, 용기이며, 무기이며, 도구이다. 필자는 이렇게 생각한다. 아니 확신한다.

당신이 무엇을 하는 사람이든, 당신의 꿈과 목표가 어떤 것이든 그것을 해 낼 수 있는 유일한 방법은 단순화시키는 것이다.

로버트 그린의 [50번째 법칙]에 보면 단순함에 대해 다음과 같은 말이 나온다.

"우리가 종종 불안감을 느끼는 것은 인생에서 진정으로 무언가를 숙달해 본 적이 없기 때문이다. 무의식적으로 나약한 기분에 빠져 결코 맡은 일을 해낼 수 없을 것 같은 기분이 들기도 한다. 무언가를 시작하기도 전에 실패를 감지하는 것이다. 이를 확실하게 극복하는 최선의 방법은 이 나약함을 정면으로 공격하고 스스로 확신의 패턴을 구축하는 것이다. 이를 위해서는 먼저 단순하고 기본적인 것을 다룸으로써 우리가 갖게 될 파워를 맛보아야 한다." _로버트 그린, [50번째 법칙], 266쪽 그의 말을 토대로 보면, 인생에서 불안감을 없애는 방법도 또한 단순하고 기본적인 것에서 숙달하는 것이라는 사실을 알 수 있다. 그리고 그것뿐만이 아니다. 단순하고 기본적인 것을 숙달할 때 최고가 될 수 있다.

고대 아테네에서 최고의 웅변가이자 위대한 정치가로 데모스테네스Demosthenes가 있었다. 그런데 그가 그렇게 위대한 정치가로, 최고의 웅변가로 도약할 수 있었던 이유는 바로 '단순한 과정을 숙달했기 때문' 이다.

그는 사실 처음부터 웅변에 재주를 보였던 인물이 아니었다. 오히려 그와 정반대였다. 심하게 말을 더듬고, 타인들 앞에 서기에는 너무 마음이 여렸다. 여러 모로 평가해 볼 때, 그가 웅변가가 된다는 것은 뭔가 어울리지 않았다. 그것도 최고의 웅변가는 더 이상 말할 필요도 없었다.

하지만 그는 웅변가가 되기 위해 모든 복잡한 것을 내려놓고, 지하실에 틀어 박혀서 웅변 연습만 했다. 단순하고 기본적인 호흡법과 낭독법을 반복하여 연습하여 숙달되게 했다. 기본에 충실하자 모든 것들이 해결이 되었다. 기본적이고 단순한 것의 숙달이 불안감과 공포심을 사라지게 해 주었고, 최고로 성장하는 데 그 어떤 걸림돌도 없도록 해 주는 원동력이 되어 주었던 것이다.

[단사리 마음혁명 3부작]이란 필자의 책을 보면 천재들은 인생을 단순하게 만드는 기술을 터득하고 있었음을 잘 알 수 있다. 즉, 그들로 하여금 천재로 도약하게 해 준 것은 단순함이라는 것이다.

"끊을 수 있는 능력은 천재들이 갖춘 능력 중 하나이다. 아인슈타인은 놀라운 천재이지만, 사소한 세상사에 대해서는 관심을 아예 끊고 살았다. 그래서 때로는 식사를 했는지, 안 했는지 자신조차도 헷갈릴 때가 잦았다고 한다. 버스를 탈 때, 요금이 얼마인지를 몰라 당황스러워 한 적도 있다고 한다. 그만큼 그는 많은 것을 끊을 줄 알았고, 그것을 실천했기 때문에, 한 가지 연구에 몰입할 수 있었다."
_김병완, [단사리 마음혁명 3부작]

아인슈타인은 가장 단순한 삶을 살았다. 그러한 단순함은 그에게 오롯이 연구에만 몰입할 수 있도록 도와주었던 것이다. 세상의 복잡한 것들을 다 내려놓을 때, 세상의 단순하고 놀라운 발명을 할 수 있게 되었던 것이다. 이런 점에서 우리는 크게 버릴 줄 알아야 한다. 크게 버려야 크게 얻을 수 있는 것이다. 크게 단순한 삶을 살 때 우리는 자신의 분야에서 일가를 이룰 수 있는 거장이 될 수 있는 것이다.

"간소화할 것! 두세 가지 일에 관련되는 것만으로 충분하다. 하물며 백 가지, 천 가지 일에 관련되는 것은 어리석은 짓이다."

헨리 데이비드 소로의 말처럼 우리는 모든 일을 간소화해야 할 필요가 있다. 가장 어리석은 사람들은 수많은 일을 하면서도 자신이 왜 뛰어나지 못한가에 대해서 진지하게 고민해 보지 않는 사람들이다. 그들이 어떤 일에도 뛰어나지 못한 이유는 그들이 수만 가지 일을 복잡다단하게 하기 위해 뛰어 들었기 때문이다. 그 어떤 천재라도 자신의 능력과 에너지를 한 가지 일에 집중하지 않고 수만 가지 일에 분산시키게 된다면 아무리 능력이 뛰어난 천재라도 그 어떤 탁월함도 창출해 내지 못할 것이다. 반대로 능력이 평범한 사람이라도 한 가지 일에 자신의 모든 힘과 능력을 집중한다면 탁월한 성과를 올릴 수 있다. 이것이 바로 단순함이 최고가 되는 길인 이유인 것이다.

– 메시지든 스토리든 단순한 것이 유리하다

우리가 누군가를 설득해야 하는 입장에 놓여있을 때, 엄청난 준비를 하면서 메시지를 굉장히 복잡하게 만드는 경향이 있다. 마치 그것이 철저하고 많은 준비를 했다는 것을 상대방에게 암묵적으로 보여주기라도 하듯이 말이다. 이것은 우리가 강사가 되어 강연을 할 경우나 정치가가 되어 연설을 해야 할 때도 마찬가지로 적용되는 이야기다. 심지어 스토리 텔러가 되어 스토리를 누군가에게 들려주어야 할 때도 그렇다.

하지만 착각을 해서는 안 되는 중요한 사실은 메시지든 스토리든 단순한 것이 매우 효과적이고 강력한 영향을 끼친다는 사실이다. 이러한 사실에 대해 잘 설명해 주는 책인 [백만 불짜리 설득]에는 이런 대목이 나온다.

"변호사와 정치인, 마케터는 짧고 강력한 메시지를 반복하는 것이 승리의 필수요소임을 알고 있다. 가장 단순한 스토리를 준비한 측이 '항상' 이길 순 없겠지만, 항상 유리한 것은 확실하다.

집단을 설득할 때나 제품을 판매할 때나 스토리를 단순화해야 목표달성이 수월하다. 사람들이 멍청하기 때문이 아니다. 많은 정치 전략가들이 그렇게 오해한 탓에 실수를 저지른다. 그들은 유권자가 정치성향과 상관없이 모두 멍청하다고 생각하고는, 설득 대상을 모욕하는 멍청한 메시지를 작성한다. 사람들은 멍청한 게 아니다. 다만 정보의 홍수에 질려 있을 뿐이다.

우리는 광고부터 시작해서 여기저기서 흘러나오는 배경음악, 텔레비전, 아이팟, 휴대폰에 이르기까지 우리의 주의를 끌고 싶어 하는 수천 가지 정보에 하루 종일 노출되어 있다. 엘리베이터를 타는 10초 동안에도 벽면에 붙은 광고가 시선을 사로잡는다. 사람들은 스스로를 보호하기 위해 선택적으로 귀를 기울여야 한다. 당신의 스토리가 단순하고 강력하지 못하다면, 무엇보다 사람들의 경험과 밀접한 관련이 없다면, 사람들의 주의는 금방 흐트러진다."

_크리스 세인트 힐레어, [백만 불짜리 설득], 78쪽 황혜숙 역, 비즈니스북스, 2011년

그의 말처럼 우리가 설득하고자 하는 대상, 연설하고자 하는 대상은 하루에도 수천 가지 정보에 노출되어 있어서 정보의 홍수에 질려 있는 사람들에 불과하다. 그렇기 때문에 우리는 최대한 관중들과 대중들의 부담을 들어주어야 하고, 그들이 귀를 충분히 기울일 수 있도록 최선의 서비스를 제공해 주어야 한다.

관중들과 대중들도 모두 자신들에게 최상의 서비스를 제공해 주는 사람과 기업이 어떤 기업인지 확실하게 안다. 그러므로 그러한 최상의 서비스를 제공해 주는 사람이 되어야 한다. 그것이 가장 중요한 핵심이다. 더불어 단순한 메시지와 스토리일수록 관중들의 뇌리에 깊이 그리고 강렬하게 여운이 남는다. 그것이 가장 설득적이다.

그러므로 당신이 메시지든 스토리든 전달해야 하는 입장이라면, 최대한 단순화시켜라. 단순함에는 힘이 있고, 에너지가 있고, 설득력이 담겨 있다.

앨빈 토플러, 다니엘 핑크와 함께 '세계3대 미래학

자' 로 꼽히는 미래학의 거장인 리처드 왓슨Richard Watson은 다음과 같이 말했다.

"인생의 많은 부분을 제거하라."

이렇게 많은 부분을 제거한 덕분에 크게 유리해진 기업이 있다면 바로 나이키와 애플이다. 나이키는 우리에게 너무나 단순한 스토리를 제시했다. 그것은 바로 'Just do it' 이다. 전 세계인들은 이러한 단순한 메시지에 열광할 수 밖에 없다. 단순함이 지닌 마력이 있기 때문이다. 나이키와 마찬가지로 애플의 스티브 잡스도 단순함의 위력을 잘 알고 있었다. 그는 인류에게 스마트폰 혁명을 일으킨 주인공이다. 그가 그러한 혁명을 일으킬 수 있게 해 준 아이폰을 만들 때 단순함의 극치를 위해 마지막 남은 버튼마저도 없애려고 노력했다. 하지만 기술자들의 기술적 한계와 주장 때문에 결국 약간의 양보를 한 결과 단순한 디자인의 아이폰이 탄생하게 되었고, 그러한 단순함의 미학은 온 세계 사람들에게 스티브 잡스의 천재성과 혁신을 알게 해 주었던 것이다.

세계최고의 브랜드를 보면 공통점이 하나 있다. 그것은 고객들의 머리에 강렬하게 각인될 수 있는 ‘최고의 단순함’이 숨어 있다는 것이다. 너무 많은 것을 고개들에게 심어주려고 했을 때는 오히려 고객들에게 잊히게 된다. 인간은 단순한 동물이기 때문이다. 하지만 한 가지의 단순한 이미지를 반복해서 광고할 때 강렬한 인상이 고객의 머릿속에 고스란히 남게 되는 것이다.

까다로운 소비자를 사로잡는 브랜드의 비밀에 대해 잘 알 수 있는 책인 [히트 상품을 만드는 브랜딩 트렌드 30] 이란 책을 보면 아무리 까다로운 소비자라도 그들을 사로잡을 수 있는 5 가지의 열쇠가 있다고 말한다.

그 5 가지의 열쇠 중에 하나가 바로 ‘단순함’이다. 단순함을 포함해서, 스토리, 감각, 문화 코드, 논리 가 소비자를 사로잡을 수 있는 5 가지의 열쇠라는 것이다.

소비자를 사로잡기 위해서는 반드시 짧고 단순해야 한다. 강한 브랜드는 한 마디로 ‘단순한 것’이어야 한다. 세계 최고의 브랜드 파워를 가지고 있는 코카콜라는 복잡하고 번잡하고 무수힌 많은 이미지를 우리에게 주지 않는다. 코카콜라라고 하면 무조건 '빨간색' 이다. 우리의 머릿속에 각인된 것은 단순한 것이다. 세계최고의 파워 브랜드인 코카콜라는 자사의 존재 이유를 " 우리는 코카콜라의 브랜드를 강화하는 방향으로 사업을 전개함으로써 주주를 위한 가치를 창출한다. ' 라고 밝힌 적이 있을 정도로 브랜드를 중요시 여긴다.

우리가 코카콜라를 주로 선택하고 마시는 이유는 코카콜라의 맛이 가장 좋기 때문이 아니라 브랜드 파워가 우리 머릿속에 가장 깊게 각인되어 있기 때문이라는 사실을 우리는 알아야 한다. 다른 콜라 회사들의 제품들을 모두 모아놓고 시음 테스트를 한 결과 가장 맛있는 콜라는 코카콜라가 아닌 다른 회사의 콜라였다는 실험 결과가 발표된 적이 있다. 하지만 놀라운 사실은 코카콜라라는 것을 알고 마실 때는 없던 맛이 생겨나서 훨씬 더 맛이 있는 콜라로 둔갑해 버린다는 것이다. 결국 우리는 브랜드와 이미지의 영향에서 벗어나지 못 하고 있음을 알아야 한다.

'말보로' 하면 생각나는 것은 단 한 가지이다. 바로 '카우보이' 이다. 한국의 기업들도 이러한 단순함의 비결을 터득한 것 같다. KTF 는 '쇼', SKT 는 'T' 를 강조하기 시작했다. 단순할수록 전달력과 각인력은 배가되기 때문일 것이다.

메시지든 스토리든 단순한 것이 가장 오래 남는 다. 가장 큰 감동을 준다. 가장 큰 힘을 발휘한다. 세계적인 명강사들일수록 그들의 말이 길지 않고 짧은 이유도 바로 이것이다. 짧고 단순할수록 큰 힘을 발휘하기 때문이다.

우리가 나이키를 기억하는 것은 'JUST DO IT' 이라는 짧고 강한 스토리 때문일 것이다. 길고 지루하고 장황한 이야기가 아니라 짧고 간결하고 힘이 넘치는 'JUST DO IT' 이 전 세계를 사로잡은 것이다.

만약에 나이키의 광고 스토리가 복잡하고 길고 장황한 이야기라면 아무도 그것을 기억하지 않을 것이다.

브랜드를 특히 만들 때는 단순함의 이러한 효과를 배

가시킬 수 있는 전략이 필요하다. 즉 단음절처럼 짧고 간결할수록 더 강한 브랜딩 효과를 낼 수 있다. 그리고 한두 가지 컨셉이 아닌 오직 한 가지 컨셉으로 승부할수록 더욱 더 성공할 확률은 높아진다.

동일함이 지배하는 세상에서 리더가 되고, 승리자가 되고, 성공하기 위해서는 동일함을 뛰어 넘어 차별화 해야 한다. 그리고 차별화의 최고의 공식은 단순함이다. 단순함이 복잡한 세상을 지배한다. 남들과 다른 온리 원이 다른 대부분의 동일한 사람들을 이끌어 간다. 단순한 스토리가 복잡한 스토리를 다 흡수한다.

– 비어 있어야 쓸모가 있게 되는 것이다

개인적으로 공자보다 더 좋아하는 중국의 현인 노자老子의 도덕경道德經에 보면 꽉 차 있게 되면 쓸모가 없어지는 것에 대한 이야기가 나온다.

“서른 개의 바큇살이 바퀴통에 모여 있으나,
바퀴통 복판이 비어 있어서 쓸모가 있고,
찰흙을 이겨 옹기그릇을 만드나,

그 한가운데가 비어 있어 쓸모가 있다.
문과 창을 만들어 방을 만드나,
안이 비어 있기 때문에 방으로 쓸모가 있다.
그러므로 있음은 이로움을 위한 것이지만
없음은 쓸모가 생겨나게 하는 것이다."
_노자, [도덕경]

우리의 인생도 이와 다르지 않다. 우리의 일상이 하기 싫은 일들로 꽉 차 있다면, 우리의 머리가 쓸데없는 세상의 지식들로 꽉 차 있다면, 우리의 마음속에 온갖 잡동사니가 꽉 차 있다면 우리는 질식하고 말 것이다.

스트레스를 푼다는 것은 꽉 차 있음으로 인해 우리의 몸과 마음을 억누르고 있는 것을 제거하여 비운다는 것을 의미한다. 우리의 삶을 좀 더 심플하게 비울 때, 삶은 더욱 더 건강해 질 것이고, 더욱 더 발전 가능성이 있으며, 더 많은 기회가 깃들게 될 것이다.

오랜 해외 출장을 마치고 집으로 돌아왔는데, 집안에는 당신이 출장 동안 아무 생각 없이 현지에서 구입하여 집으로 배달시켜 놓은 다양한 나라들의 온갖 가구들로 꽉 차 있다면 당신은 어떻게 될 것 같은가?

당신은 정말로 멍청한 짓을 했다는 것을 그제야 깨닫게 될 것이다. 집이 집의 구실을 하기 위해서는 비어 있어야 하는 것이다. 우리 인생이 가치가 있고 쓸모가 있게 하기 위해서는 우리의 내면과 삶을 비어야 한다. 우리의 내면을 비운다는 것은 욕심을 버리고 성공에 대한 집착을 버린다는 것이다. 그리고 우리의 삶을 비운다는 것은 쓸데없이 복잡한 일들을 하지 않고 중요한 한 가지 일에 매진한다는 것이다.

지금은 한류 열풍이 불어서 한국의 드라마와 가수들이 전세계인들의 마음을 사로잡고 있다. 하지만 우리나라에서도 한 때 미국 드라마 열풍이 불었던 적이 있다. 그래서 미국 드라마를 많이 본 적이 있는데, 대부분의 사람들에게 최고의 미국 드라마가 어떤 것인지 선택하라고 하면 이것은 지극히 개인적인 취향과 주관적인 것이기 때문에 답변이 천차만별이 될 것이다. 하지만 뉴욕 타임즈가 지난 25년 동안 제작된 미국 드라마 중에서 최고의 걸작이라고 말하는 드라마는 어떨까?

뉴욕 타임즈가 그토록 극찬한 드라마는 마피아 조직세계와 현대 가족의 갈등을 파격적일 만큼 사실적으로 묘사해 화제를 모은 메가 히트 드라마인 [소프라노스The Sopranos]이다. 뛰어난 작품성과 배우들의 명연기로 비평가들의 극찬을 받은 명실상부한 최고의 드라마인 이 드라마를 사람들의 뇌리에서 영원히 씻지 못할 걸작으로 만든 것은 꽉 찬 드라마 내용이 아니라 미완성 결말 때문이라는 사실을 아는가?

미국의 저명한 평론가는 현대인들의 생생한 생활모습을 통찰력있게 그려 낸 이 작품에 대해 찬사를 아끼지 않았다. 이 드라마는 단순히 인기 있는 드라마, 흥행에 성공한 드라마가 아니었다. 이것은 시대를 대변하는 걸작이었고, 예술 작품이였다. 마지막 회가 방송되는 한 시간 동안, 시청자들은 평범한 가장으로서, 냉혈 킬러로서 이중적 삶을 살아가는 주인공 토니 소프라노의 운명을 가슴 졸이며 지켜보았다.

1,200만 명이나 되는 시청자들이 주인공의 운명이 어떻게 결정될 것인가에 대해 알기 위해 22개월 동안 기다

렸던 것이다. 그리고 드디어 마지막회가 시작되었던 것이다. 드라마의 마지막 부분에서 마지막 몇 초 동안 화면은 전례 없이 까맣게 변했던 것이다. 시청자들은 모두 방송 사고라고 생각했고, 그러한 생각을 수천만 명이 하고 있을 그 짧은 몇 초 동안의 까만 화면이 배우와 제작진들의 이름이 적힌 자막 화면으로 바뀌자, 방송 사고가 아니라 그것이 결말이라는 것을 깨닫게 되었다.

그 순간부터 며칠동안 시청자들은 충격에서 빠져 나오지 못했고, 수많은 매스컴들이 심지어 CNN까지도 충격과 비난을 쏟아 내기에 바쁜 날들이 되었던 것이다. 하지만 미완성 결말은 독자들의 무한 상상력에 불을 지피면서, 다양한 해석 가능성을 남겨 두고, 시청자들에게 저마다의 독특하고 차별화된 결말을 스스로 선택하게 만들었던 것이다. 이내 곧 시청자들의 실망과 당혹감은 점차 최고의 찬사로 바뀌어 갔고, 영원히 시청자들의 마음속에서 지워지지 않는 걸작으로 남게 되었던 것이다.

결국 꽉 찬 결말이 아니라 텅비어 둔 결말이 독자들을 더욱 더 사로잡았던 것이다. 바로 이것이 비움의 미학이다. 우리의 인생 역시 이러한 사실을 잘 알아야 한다. 가장 큰 쓰임이 있는 인생은 비워져 있는 인생이다. 이러한 사실에 대해서 ‘논어論語’에 보면 비슷한 의미의 말이 나온다.

“군자불기君子不器”

군자는 그릇과 같이 이미 용도나 기능이 정해진 그릇이 아니어야 한다는 말이다. 다양한 용도나 쓰임을 위해 항상 가능성을 열어 놓고, 다양한 일을 두루 할 수 있는 그런 사람이 되어야 한다. 훗날 자신도 상상도 못한 엄청난 일을 하게 되는 경우가 생겼을 때, 자신의 역량이나 용도를 한 가지 전문직으로 한정해 버린 사람은 그 일을 제대로 해 내지 못하게 된다. 하지만 평소에 다양한 분야의 책을 섭렵하면서 다양하고 폭넓게 공부를 해 놓은 사람의 경우에는 엄청난 일을 거뜬히 해 낼 수 있게 되는 것이다.

군자는 한두 가지 전문 직종의 지식과 기술로 자신의 내면과 삶을 꽉 채우는 사람이 아니다. 자신의 내면을 공부와 독서, 경험을 통해서 크게 키워서, 어느 정도는 항상 비어 있게 만드는 사람들이다. 그렇게 비어 있다는 것은 그만큼 다양한 가능성이 존재하고 있고, 다양하게 쓰일 수 있는 사람이라는 것이다.

단순함과 비움은 일맥상통한 삶의 원리라고 할 수 있다. 그리고 이러한 단순함과 비움은 최고의 경쟁력이 될 수 있다.

– 쉬운 것이 올바른 것이다

"쉬운 것이 올바른 것이다. 올바르게 시작하면 모든 것이 쉬워진다. 쉽게 앞으로 나아가라. 그게 올바르다. 쉬운 것을 찾아내는 올바른 방법은 올바른 방법을 잊어버리고 그게 쉽다는 것을 잊어버리는 것이다."

장자의 이 말을 마음속에 새겨 둘 필요가 있다. 성공의 길이나 행복의 길은 생각하는 것만큼 그렇게 어렵고 힘든 길이 아닐 수 있기 때문이다. 무조건 힘든 길만이 올바른 길이고 성공의 길이라고 생각하는 것은 통념에 불과하다.

우리 주위의 성공한 사람들을 살펴보면 자기 자신에게 가장 쉬운 길을 선택했다는 공통점을 가지고 있음을 알게 되고, 그러한 놀라운 사실에 한 번 더 놀라게 된다. 그들은 정말 하기 싫은 일이나 힘든 일을 매일 인내하며 하였던 것이 아니다. 그저 자신에게 쉬운 길을 선택했을 뿐이다. 하지만 그것에는 놀라운 경쟁력이 숨어 있다는 사실이다.

단순하게 사는 것이 쉬운 것이고, 쉬운 것은 곧 올바른 삶의 방식이라고 할 수 있다. [단순하게 살아라]의 저자 로타르 J. 자이베르트는 단순함에 대해 우리들은 잘못된 인식을 갖고 있다고 말한다.

"당신은 주변으로부터 '더 많이, 더 많이'라는 무언의 압박을 받고 있다. 당신 입장에서 볼 때, 선택할 것이 너무 많은 상황은 당신을 해방시키는 것이 아니라 오히려 구속된다는 느낌이 들 것이다. 직장에서도 당신은 꾸준히 늘어나는 요구 사항 때문에 시달림을 받고, 그것에 따르지 않으면 불이익을 받을 것이라는 유언무언의 위협을 받는다.

어떤 사람들은 이렇게 물어볼 수도 있다.

"왜 내 인생을 단순하게 만들어야 하지요?"

그들은 '더 쉽고 간단하게'라는 것을 또 다른 종류의 '더 많이'로 받아들이기 때문이다. '단순하게'라는 말을 일종의 또 다른 요구 사항으로 생각하는 것이다."

_로타르 J. 자이베르트외, [단순하게 살아라], 12~13쪽

우리가 단순하게 사는 것은 인간의 원초적인 본능이라고 할 수 있다. 그리고 그렇게 단순하게 사는 방법을 터득할수록 우리는 일과 인생에서 쉬운 길을 알게 되고, 그 쉬운 길은 결국 인생을 더 행복하게 해 주고, 더 성공적으로 이끌어 준다.

단순하게 살고, 쉽게 살기 위한 첫 번째 단계는 책상 위와 집 안이다. 사무실의 책상 위에 놓여 있는 먼지 덮인 잡동사니를 쌓아 두지 말고 깔끔하게 버리라는 것이다. 집 안의 옷장과 신발장에서 자리만 차지하고 있는 입지도 신지도 않는 십년도 더 된 구닥다리 옷들과 신발들을

치워버리면 생활의 활기를 되찾을 수 있고, 집안이 정리되는 것은 물론이고 마음까지 정리된다는 사실을 깨닫게 될 것이다. 그리고 그러한 작은 변화로 인해 인생이 더욱더 쉽고 편하고 행복하게 될 것이다.

이렇게 주변 물건들을 단순화시키면서 우리는 자신과 삶을 단순화시킬 수 있다. 우리는 좀 더 성공하고 상황이 좋아지면 지금보다 더 깔끔하고 넉넉하고 정리정돈된 집에서 살 수 있을 것이라고 생각한다. 하지만 솔직하게 말해서 순서가 정반대라는 사실을 알아야 한다. 즉, 우리가 삶의 터전인 가정과 직장의 공간을 좀 더 깔끔하게 정리정돈을 하게 되면, 우리의 상황이 좀 더 나아지고 좀 더 성공에 근접하게 될 뿐만 아니라 몸과 마음이 행복해지고 편안해진다는 것이 사실이다. 그렇기 때문에 우리는 너무 힘들게 아등바등 살아가는 삶을 경계해야 한다.

주변을 정리정돈하는 것과 같이 우리는 내면의 마음도 단순화해야 한다. 마음을 정리정돈하면 놀라운 변화가 일어난다. 그렇게 살아가는 사람은 쉽고 편하고 행복하기에 타인에게 친절할 수 있고, 타인을 배려해 줄 수 있다. 하지만 삶이 힘겹고 아등바등 살아가는 사람들은 자신의 삶이 너무 힘들기에 아무리 성공을 한다 해도 타인에 대한 친절과 배려를 기대 할 수 없다.

우리의 삶을 힘들고 복잡하게 만드는 것은 삶의 안과 밖으로 잔뜩 쌓아 놓은 복잡한 잡동사니와 관계 그리고 쓰레기 같은 온갖 감정들이다. 이러한 것들을 다 끊고, 버리고, 떠날 때 누구보다 더 쉽고 편하고 행복한 삶을 살아 갈 수 있다.

"우리가 마음속에 꿈틀거리는 모든 집착과 중독을 끊고, 존재로서의 삶을 발견하고, 모든 욕심과 욕망과 시기와 질투와 같은 부정적인 감정들을 버리고, 거짓된 삶과 성공과 부의 망상으로부터 떠날 수 있다면, 우리는 반드시 행복한 삶을 살아갈 수 있을 것이다."
_김병완, [단사리 마음혁명], 16쪽

몇 년 전에 필자의 저서 [단사리 마음혁명]에 나오는 대목 중의 하나다. 이 대목처럼 우리가 인생을 행복하게 살고자 한다면 남과 다른 단순함과 쉬움을 누릴 수 있어야 한다.

가장 성공한 인생을 살았던 사람들의 삶은 단순하고 쉽다. 힘겹고 어렵도 복잡한 삶을 산다는 것은 스스로 그러한 삶을 만들어 가고 있는 것이나 다름없다. 우리에게 필요한 것은 쉬운 삶이다. 그리고 그러한 삶은 올바른 삶이다.

– 성공을 넘어서라

우리 모두는 성공이라는 것을 꼭 무엇인가를 성취하고 달성해 내고 승리한다는 것이라고 생각한다. 하지만 성공은 그러한 것이 아니다. 성공은 지금 이 순간 자신을 넘어설 때 비로소 누리게 되는 것이며, 그것이 또한 성공을 넘어서는 것일 수 있다.

필자는 진정한 성공으로 이끄는 4가지 키워드에 대한 책인 제프리 기터맨의 [성공 다시읽기]를 통해 성공을 넘어선 사람의 이야기를 알게 되었다. 그는 보험 판매원이었다. 하지만 별로 유능한 인물은 아니었다. 각종 고지서 대금을 내지 못해 한참 연체가 될 정도로 월급이 적었고, 무능한 판매원이었다.

그는 장기생명보험을 팔기 위해 차를 타고 다니면서 예비 고객의 집을 일일이 방문하면서 일을 했다. 연체되는 각종 고지서가 쌓여가고 있던 터라 자신의 모습이 얼마나 절박하고 비참한 것인지를 스스로 너무나 잘 알고 있었다. 그가 어떤 한 예비 고객의 집 앞에 도착해서 차에서 내려 대문 쪽으로 갈 때, 자동차 유리에 비친 자신의 서글픈 모습을 우연히 보게 되었다. 그는 걸음을 멈추고, 자동차 유리 속의 자신을 뚫어지게 쳐다보며 혼자 중얼거렸다.

"누가 이런 사람한테 뭔가를 사고 싶어 하겠어? 불쌍해서 못 봐 주겠군!"

그 순간 그는 사무실의 성공한 사람들의 모습이 묘하게 생각이 났다. 그들은 전부 자신감에 차 있는 사람들이었던 것이다. 그는 자신에게 가장 부족한 것이 바로 자신감이라는 사실을 깨달았다. 그래서 그 순간부터 절박하고, 가난하고, 궁핍하고, 서글픈 모습을 버리고 더 이상 바라는 것이 없는 사람처럼 자신감을 가지고 예비 고객의 집으로 들어갈 것을 결심했다.

그는 자신감에 충만한 모습을 가지기 위해 스스로 자신감이 넘치는 스타를 연기하는 배우라고 생각하기 시작했다. 순간 클린트 이스트우드와 알 파치노의 이미지가 머릿속에 섬광처럼 스쳤다. 그렇게 자신감 넘치는 표정을 짓고, 자동차 유리에 비치는 자신의 모습에 눈길을 던졌을 때, 그 속에는 정말로 평온해 보이는 한 남자가, 바로 몇 분 전에 보았던 가난과 궁핍함에 초조하던 절박한 그 남자는 온데간데없고, 서 있다는 사실을 비로소 깨닫게 되었다.

바로 그 순간, 그는 자신을 넘어설 수 있게 되었던 것이다. 그는 더 이상 자신이 얻어야 할 것은 없다는 사실을 깨닫기 시작했다. 스스로에 대한 불신과 삶에 대한 걱정, 보험 거래를 성사시켜야만 한다는 마음까지 다 내려놓을 수 있었던 것이다. 그렇게 그는 지금까지와는 전혀 다른 차분하고, 평온하고, 고요한 자신을 만나게 되었고, 그때부터 그는 성공을 넘어서게 되는 변화가 일어나게 되었다. 그는 사사로운 욕망이나 바람을 버린 채 고객을 만나기 시작하자 그 전까지는 단순히 고객을 거래를 성사시키는 데 필요한 사람이라고 생각했지만 이제부터는 거래를 성사시켜야 한다는 그런 욕망이나 바람을 버림으로써 고객을 온전한 인격체라고 생각할 수 있게 되었다. 많은 사람들이 그와 함께 이야기를 나누는 10분에서 15분 동안에 극도의 차분함과 평안함을 느낄 수 있었다고 말을 하기 시작했다.

성공에 집착할 때 사람들은 불안을 느끼고, 그것을 자신도 모르게 타인에게, 세상에게 발산하게 된다. 그 결과 성공은 더욱 더 멀어져 가고, 뜬구름을 잡는 것과 같은 복잡하고 힘겨운 삶을 살게 된다. 하지만 성공을 완전하게 내려놓고, 마음을 비우고 살아 갈 때 놀라운 경험을 하게 된다. 바로 그토록 멀게만 느껴졌던 성공을 할 수 있을 뿐만 아니라 성공을 넘어서는 초월한 자신을 발견할 수 있게 되는 것이다.

성공을 넘어선다는 것은 세속적인 성공의 노예에서 벗어나, 성공의 주인이 된다는 것을 의미한다. 성공하기 위해 자신의 중요한 것들, 친구나 가족이나 양심과 정의를 버리고 희생하는 것은 성공의 노예로 성공에 끌려 다니는 삶이다. 하지만 친구나 가족, 양심과 정의를 위해 세속적인 성공을 버릴 수 있을 때 당신은 성공의 주인으로 살아가게 되는 것이고, 성공을 넘어서게 되는 것이다.

놀라운 사실은 성공에 집착하여, 성공의 노예로 살수록 성공하지 못한다는 사실이다. 이와 반대의 경우로 성공에 집착하지 않고, 타인에게 더 많이 베풀면 베풀수록 우리가 느끼는 만족과 행복과 삶의 질은 더 높아지게 되고, 따라서 성공 또한 따라 오게 된다는 사실이다. 이러한 사실을 잘 표현한 대목을 이 책에서 읽을 수 있다.

“나는 더 많은 것을 얻고 더 많은 일을 하려는 욕망을 버렸고, 내 자신에 대한 불만도 버렸지. 그렇다고 내게 목표가 없다는 뜻은 아니야. 사실 내 사업은 거의 두 배로 성장했고, 그 어느 때보다 훌륭한 성과를 내고 있어. 일에 미친 듯이 몰두하면서 전혀 다른 관점으로 일에 접근하고 있기 때문이야. 나는 더 이상 거래를 따내려고 애쓰지 않아. 그냥 내 모습을 드러내고 내가 원했던 사람이 되니까 거래가 잘 성사되고 있어. 내게 중요한 건 나의 고객들을 위해 좋은 일을 한다는 사실이야. 기왕 봉사를 할 거면 고객들에게 정말 제대로 봉사를 하고 싶어. 나도 원하는 건 많지만, 지금은 그것들이 나를 완성하거나 나를 발전시키는 데 꼭 필요하다는 생각이 안 들어.”

_제프리 기터맨, [성공 다시 읽기], 304~305쪽

우리가 자신을 발전시키고, 완성시키고, 원하는 그런 사람이 되기 위해 원하는 것이 꼭 있어야 할 필요가 없다는 사실을 인식하기만 한다면 성공을 넘어설 수 있게 되고, 전혀 다른 삶을 살아 갈 수 있게 된다. 우리가 궁핍하게 사는 이유는 물질이 없어서가 아니라 마음이 그렇기 때문이고, 생각과 관점이 잘못되었기 때문이다.

성공을 넘어선다는 것은 성공을 얻기 위해서 살아가는 것이 아니라 성공을 만들어가면서 살아가는 것을 의미한다. 성공을 만들어가면서 살아간다는 것은 성공이 목적이 아니라 하나의 수단이라는 것을 의미한다. 보다 나은 삶을 살기 위해 사용할 수 있는 하나의 도구와 같은 것이고, 그렇기 때문에 우리는 필요한 도구를 만들면서 살아가는 것이다.

우리가 서울에서 부산으로 가기 위해서 KTX나 비행기를 타야 빨리 갈 수 있고, 편하게 갈 수 있다. 자전거나 도보로 가기에는 매우 힘들다. 그렇기 때문에 KTX나 비행기를 만들었던 것이지 KTX나 비행기를 소유하거나 그 자체가 목적이기 때문에 만든 것은 아니다. 이와 마찬

가지로 성공이란 것도 우리가 그저 그것을 소유하기 위해 존재하는 것으로 여겨서는 안 된다는 것이다. 비행기를 타고 목적지에 가듯, 성공을 이용하여 보다 나은 삶을 살아가는 것이 바로 성공을 넘어서는 삶이다. 이러한 사실에 대해서 아리스토텔레스도 비슷한 말을 했다.

"모든 사람은 성공 또는 행복이라는 한 가지 목표를 추구한다. 진정한 성공을 이루는 유일한 방법은 사회에 대한 봉사를 통해 자신을 완벽하게 표현하는 것이다."

– 때로는 즐기면서 균형 잡힌 삶을 살아라

유태인들은 세계 인구 비율로 따진다면 0.2%에 불과한 소수 민족이다. 하지만 그들은 인류 문명의 발달과 방향을 온 몸으로 이끌어 온 인류의 리더 민족이라고 말할 수 있다. 또한 그들은 부자 민족이라고도 말할 수 있다. 왜냐하면 백화점, 은행, 정신분석, 공산주의, 토크쇼, 패션, 영화, 금융, 예술 등을 창조하고, 이끌었던 사람들이 대부분이 유태인들이기 때문이다.

정신분석의 창시자 프로이트도 유태인이었고, 백화점을 만든이도, 은행을 만든이도, 공산주의를 만든이도 모두 유태인들이었다. 최고의 천재 물리학자인 아인슈타인도 유태인이며, 미국의 발명왕 토머스 에디슨도 유태인이다. 세계를 움직이고 이끌었던 유태인들은 한두 명이 아니다. 역대 노벨상의 30% 이상을 유태인들이 차지하고 있으며, 미국의 억만장자 중에 유태인들은 40%를 차지하고 있다 .

이러한 유태인들에게 삶과 비즈니스의 지혜와 유연성을 제공해 주는 것이 바로 수천 년의 지혜가 담긴 [탈무드]라고 할 수 있다. 그런데 이 탈무드에 보면, 쓸데없는 인내나 고통은 무가치한 것이라고 말하는 대목이 자주 나온다. 인생은 긴 여정이므로, 때로는 즐기는 것이 그 후의 활기찬 삶을 위해 더 낫다는 것이다.

망망대해를 항해하던 여객선이 폭풍에 휩싸여서 항로를 이탈하고 표류하게 되었다. 거센 바람과 휘몰아치는 파도에 밀려 배는 어딘지도 모를 곳으로 자꾸 밀려갔다. 그렇게 표류하면서 물과 음식은 바닥이 낫고, 배 안의 승객들은 지쳐갔다. 그러던 중 운좋게도 무인도에 도착하게 되었다. 하지만 물이 너무 얕아서 배를 해안가에 가까이 정박할 수 없었다. 다행히 바람이 잔잔했던 날씨 때문에 약간의 거리를 수영을 하기만 하면 쉽게 섬에 갈 수 있었다. 오랫동안 표류하면서 제대로 먹어 보지도, 쉬지도 못한 승객들에게 무인도는 낙원과 같이 보였다. 나무가 울창하게 우거져 있어서 좋은 휴식 공간과 시원한 물과 열대 과일과 이름 모를 열매들이 한눈에 들어 왔다.

배 안에 있던 승객들은 의견이 분분했다. 결국 세 그룹으로 나누어지게 되었다.

첫 번째 그룹의 승객들은 다음과 같이 생각했다.

"어떤 일이 있어도 이 배에서 내리면 안 됩니다. 언제 다시 거센 바람이 불어와서 배가 표류하여 섬을 떠나게 될지 모릅니다. 폭풍이라도 불면 배를 움직이지 않으면 그 자리에서 좌초할 것이 분명합니다. 섬에는 어떤 위험이 도사리고 있을 지도 모릅니다. 그렇기 때문에 배를 떠나면 안 됩니다."

이런 생각을 한 첫 번째 그룹의 승객들은 배에서 한발짝도 내리지 않았다. 오랫동안 바다를 표류했기에 배에서만 머무르는 생활은 한마디로 지옥 그 자체였다. 하지만 그토록 지루하고 고통스럽고 갑갑한 생활이라도 최소한의 목숨은 보장될 것이라고 생각하고 위안을 삼았다. 그들은 끈기 있게, 인내하며 성실하게 배를 지켰고, 배와 함께 했다.

두 번째 그룹의 승객들은 다음과 같은 생각을 했다.

"배에서 생활하면서 표류하거나 때로는 항해하는 생활은 너무나 힘든 여정입니다. 그렇기 때문에 섬에 잠시 들러서 육지의 살아있는 싱싱한 과일과 물을 마셔서 지친 몸과 마음을 회복하고, 시원한 나무 그늘 아래에서 마음껏 휴식하며 즐기는 것이 앞으로의 배에서의 생활에 더 큰 도움을 줄 것입니다."

이렇게 생각하고 두 번째 그룹의 승객들은 배에서 내려 무인도에서 마음껏 휴식을 취하고, 물과 과일로 허기진 배를 채우고 체력을 보강하면서 즐겼다. 하지만 그들이 섬에 내려와 휴식을 취하고, 즐긴 이유는 앞으로 있을 힘겨운 항해를 위한 것이기도 했다. 그래서 그들은 반나절이 지난 후에 적당한 때가 되자 과일과 물을 잔뜩 가지고 배에 승선했다.

세 번째 그룹의 승객들은 다음과 같은 생각을 했다.

"배에서의 생활은 너무나 힘들고 고달픈 생활이었습니다. 무인도에 내려서 마음껏 휴식을 취하고 물과 과일로 배를 채워야 합니다. 그러고 나서 그 다음은 그때 가서 생각을 해도 될 것 같습니다."

이렇게 생각한 세 번째 그룹의 승객들은 배에서 내려 무인도에서 마음껏 물을 마시고, 과일을 먹었다. 배에서는 물도 다 떨어지면 먹지 못할 뿐만 아니라 물이 있다고 해도 매우 조금씩만 먹을 수 있기 때문에 마음껏 물을 마실 수 있는 이 섬이 낙원과 같았다. 섬에서의 달콤한 휴식과 육지에서는 즐거움을 그들은 마음껏 즐기면서 조금씩 섬에서의 즐거운 생활에 빠져 들어 가게 되었다. 그들은 배에서 내릴 때부터 다시 배로 돌아 올 것이라는 생각을 하지 않았다. 뿐만 아니라 섬에 끝까지 남아 있을 것이라는 생각도 하지 않았다. 이들은 눈앞의 상황에 따라 판단을 하면서 행동했다.

그렇기 때문에 이들은 반나절이 지났지만 배로 돌아가고자 하는 이는 한 명도 없었고, 결국 배는 떠나게 되었다. 이들은 섬에 남게 되었던 것이다. 하지만 이들 중 대부분의 사람들이 며칠 안에 들짐승들의 습격이나 독충의 공격으로 인해 목숨을 잃게 되었고, 겨우 살아남은 사람조차 그 섬에서 영원히 빠져 나오지 못하게 되어 비참한 최후를 맞이하게 되었던 것이다.

탈무드에 나오는 우화 중의 하나인 이 우화를 보면 '때로는 즐기는 것이 더 낫다' 는 교훈을 배울 수 있다. 첫 번째 그룹은 긴 인생을 살아가는 사람의 자세로 보면 일만 하고 쉬지도 않고, 취미나 여행 등으로 삶을 즐기지도 않는 일중독자의 모습이라고 할 수 있다. 혹은 어떤 한 분야에만 너무 매몰되어 인생의 다른 부분은 전혀 신경을 쓰지 않고 있는 한쪽에 너무 치우친 사람이라고 할 수 있다. 랍비들도 이런 첫 번째 그룹의 승객들을 어리석다고 말하고 있다.

하지만 두 번째 그룹의 승객들은 균형을 잡고 살아가는 아주 지혜로운 삶의 모습을 보여 주고 있다. 배를 타고 항해하거나 때로는 표류하는 것은 우리의 인생이라고 할 수 있다. 그렇기 때문에 인생을 좀 더 활기차게, 그리고 좀 더 열정적으로 살아가기 위해서는 때로는 즐기면서 균형을 맞추어야 하는 것이다. 인생의 큰 목적이나 목표를 잃지 않고, 항로를 벗어나지 않는 상태에서 적당히 즐기고, 적당히 휴식을 취하는 것은 삶의 균형을 잡는 것이다. 이런 삶이 훨씬 더 나은 항해를 할 수 있고, 삶 그 자체도 즐거운 삶이 될 수 있는 것이다.

세 번째 승객의 경우 쾌락에 빠져서 항해의 목적과 목표를 상실한 경우이다. 이들은 쾌락과 즐거움에 치우친 삶을 살았던 것이다. 휴식과 즐거움은 일과 인내와 잘 균형을 맞출 때 더욱 더 가치가 높아진다. 일과 인내가 없는 휴식과 즐거움은 쾌락에 탐닉하는 것에 불과하다. 휴식과 즐거움이 없는 일과 인내만 있는 인생도 또한 한 쪽에만 치우친 균형 잡힌 삶이라고 보기는 힘들다.

성공적이고 행복한 삶은 균형 잡힌 삶을 살 때 비로소 가능한 것이다.

- 단순함의 원조는 고슴도치의 전략이다 -

스티브 잡스는 일이나 회사 생활에서뿐만이 아니라 일상생활에서도 한 가지 밖에 모르는 단순한 삶을 추구한다. 그리고 그것은 마치 20세기 대표적 사상가인 '이사야 벌린'이 자신의 저서인 [고슴도치와 여우]에서 인간은 크게 두 부류로 나뉘어 질 수 있다고 말했다. 그런데 그 두 부류의 기준은 단순함이라고 할 수 있다.

"여우는 많은 것을 알고 있지만 고슴도치는 하나의 큰 것을 알고 있다."

이사야 벌린은 그리스의 시인인 아르킬로코스의 이 말을 토대로 하여 이야기를 풀어 나가면서, 여우는 다양한 방법을 시도하고 다양하고 교활한 온갖 꾀를 부려도 고슴도치의 한 가지 확실한 호신법을 이겨낼 수 없다는 의미를 좀 더 확장하여, 작가와 사상가를 비롯해서 모든 인간을 구분 짓는 가장 큰 차이로 단순한 하나의 목표와 하나의 핵심적인 비전과 명료하고 일관된 하나의 시스템을 가지고 있고, 그러한 하나의 보편 원리 속에서 모든 활동을 이끌어 가는 사람과 다양한 목표를 추구하며 다양하고 다소 산만적이고 분산적인 활동을 이끌어 가는 사람의 차이라고 역설한 바 있다.

또한 현대 경영학의 창시자인 피터 드러커 박사도 [고슴도치의 기업이론과 여우의 혁신전략]이란 책에서 인간의 유형을 고슴도치와 여우형으로 구분했다. 여우형 인간은 다양한 재주를 가지고 있고, 꾀가 넘친다. 그래서 이것 저것 다양한 분야에 기웃거리게 된다. 이것도 해 보고 안 되면 저것도 해 보고 그러다가 둘 다 안 되면 또 다른 것을 해 본다. 많은 것을 알고 있고, 많은 것을 할 수 있지만 정작 중요하고 큰 것 한 가지는 모르는 유형이다. 이와 반대로 고슴도치형 인간은 우직하고 단순한 목표를 하나 가지고 있고, 그것만 알고 그것만 생각하고 그것만 할 줄 안다. 이러한 단순함은 고슴도치형 인간의 가장 큰 특징이다.

'여우는 많은 것을 안다. 그러나 고슴도치는 하나밖에 모른다. 그리고 그것이 위대하다.' 란 수수께끼 같은 문장이 고대 그리스 시인 아킬로쿠스의 글 속에 들어 있었고, 우리는 지금까지 이 문장에 대해 논의를 계속하고 있다. 수많은 작가와 사상가들이 이 문장을 인용하고 토대로 삼아 자신의 주장을 해 왔다. 하지만 한 가지 분명한 사실은 스티브 잡스는 분명한 고슴도치형 인간이었다는 것이다.

세상을 놀라게 하겠다는 그의 하나의 큰 목표와 통찰 안에서 그는 생각하고 혁신하고 개발하고 창조해 내었던 것이다. 고슴도치와 여우의 삶의 모습을 잘 표현한 짐 콜린스의 [좋은 기업을 넘어 위대한 기업으로]를 보면 이런 대목이 나온다.

"당신은 고슴도치인가, 여우인가?

유명한 수필 <고슴도치와 여우>에서, 이사야 벌린은 고대 그리스 우화를 토대로 세상 사람들을 고슴도치들과 여우들로 나누었다. '여우는 많은 것을 알지만, 고슴도치는 한 가지 큰 것을 안다.' 여우는 고슴도치를 기습할 복잡한 전략들을 무수히 짜낼 줄 아는 교활한 동물이다. 날이 밝고 날이 어두워지도록 여우는 고슴도치 굴 주변을 빙빙 돌며 고슴도치를 덮칠 완벽한 순간을 기다린다. 민첩하고 늘씬하고 잘생기고 발 빠르고 간사한 여우가 확실한 승자일 것 같다. 반면에 고슴도치는 호저와 작은 아르마딜로를 유전자 합성해 놓은 것 같은 촌스러운 동물이다. 놈은 어기적어기적 점심거리를 찾아다니고 집을 돌보며 단순한 일상에 열중한다.

여우는 갈림길에서 교활한 침묵 속에 고슴도치를 기다린다. 고슴도치가 제 일에만 신경을 쓰면서 여우가 숨어 있는 바로 그곳으로 다가온다. '야, 이제 잡았다!' 고 여우는 생각한다. 여우가 후닥닥 뛰쳐나가 번개처럼 땅을 가로지른다. 위험을 느낀 작은 고슴도치는 여우를 올려다보며 '또 만났군. 아직도 덜 배웠나?' 하고 생각한다. 고슴도치는 몸을 말아 동그란 작은 공으로 변신한다. 공 둘레에는 작은 가시가 사방으로 돋아나 있다. 사냥감 앞으로 달려온 여우는 고슴도치의 방어 태세를 보고 공격을 멈춘다. 여우는 숲 속으로 퇴각하여 새로운 공격 전략 구상에 착수한다. 고슴도치와 여우 사이에 이런 싸움들이 매일 같이 펼쳐지는데, 여우가 훨씬 교활함에도 이기는 건 늘 고슴도치다. "< 짐 콜린스, [좋은 기업을 넘어 위대한 기업으로], 155~156쪽 >

이처럼 여우는 여러 가지 어지럽고 산만하고 복잡하기까지 한 여러 가지 전술과 전략을 구사하고 여러 가지 시도를 한다. 마치 여우 자신의 삶 또한 그렇게 복잡하다는 것을 공공연하게 말을 하는 것처럼 말이다. 하지만 고슴도치는 복잡한 세계에 살고 있음에도 아랑곳하지 않고 모든 복잡한 세상의 면면들을 단순화 시키고, 큰 하나의 방법과 목적 안에 넣어 버린다. 그 결과 고슴도치는 복잡다단한 이 세계 속에서 본질적인 것들을 통찰 할 수 있다. 그리고 그 본질적인 것들의 패턴 속에서 하나의 거대한 단순한 패턴을 발견할 수 있게 된다. 그리고 그러한 하나의 거대한 단순한 패턴이 인류의 지성들의 큰 역사가 되었고, 문명이 되었고, 한 시대를 풍미하는 패러다임이 되었고, 과학의 큰 발걸음이 되었던 것이다.

20세기 최고의 천재 과학자인 아인슈타인의 상대성 원리가 바로 복잡다단한 이 세상을 단순한 하나의 거대한 단순한 패턴에 담아 낸 것이다. 또한 정신분석학의 창시자인 프로이트의 무의식이 또한 바로 그것이다. 복잡다단한 인간의 의식 속에 숨겨져 있는 너무나 혼란스러운 그 세계 속에서 그는 거대한 하나의 단순한 패턴을 발견해 내었던 것이다. 그리고 그것이 바로 무의식이었다. 찰스 다윈의 자연선택이 또한 그것이었고, 마르크스의 자본론과 계급투쟁이 또한 그것이었다.

그저 똑똑한 사람들이 위대한 일을 해 내지 못 하는 단 한 가지 이유를 말하라고 한다면 필자는 서슴없이 '그들의 복잡함과 분산' 이라고 말하고 싶다. 그들이 지금보다 약간 만 더 '단순함과 집중' 을 습관화할 수 있다면 그들의 삶은 지금과는 전혀 다른 눈부신 삶이 될 수 있을 것이다. 그저 똑똑한 사람들과 인류에 매우 큰 영향을 끼친 사람들과의 가장 큰 차이는 그들이 더 큰 것을 위해서 작아 질 줄 알았다는 것이다. 그리고 그것은 바로 자신의 일상과 삶에서 자신의 에너지와 힘을 분산시키고자 작정하고 덤벼드는 이 세상의 모든 복잡다단한 것들을 내어 버릴 수 있는 가난한 마음과 단 한 가지에 오롯이 집중할 수 있는 단순함과 집중력이다.

위대한 위인들 중에 이것저것 기웃거리면서 복잡하게 삶을 살았던 인물은 단 한 명도 없다. 위대한 거장들과 천재들은 모두 한 가지 일에 자신의 모든 것을 걸 줄 알았던 이들이다. 그러한 자세는 바로 단순함이다. 그리고 그러한 단순함의 극치는 바로 고슴도치형 인간으로 대변된다.

세계적인 경영 석학이며 경영 구루인 짐 콜린스는 자신의 이 책에서 좋은 회사를 위대한 회사로 도약시킨 사람들은 어느 정도는 모두 고슴도치였다고 주장한다. 그래서 그들은 모두 고슴도치 전략을 활용하는 이른바 고슴도치 컨셉이라고 그가 부르는 것을 자신의 회사들에서 일관되게 추진했다고 말한다. 위대한 기업으로 도약에 실패하는 평범한 리더들은 여우 같은 속성이 있어서, 고슴도치의 단순한 컨셉의 확실한 장점을 파악하지 못하고, 복잡하고 어지럽고 방만하고 일관되지 못 한 경영 모습을 보였다고 한다. 반면에 위대한 기업으로 도약을 성공한 리더들은 모두 단순하고 명확하고 일관된 모습을 보였던 것이다.

차동엽 신부의 [바보 존zone]이란 책에서 주장하고 있는 내용도 한마디로 바보처럼 우직하게 자신의 길을 가는 사람이 성공한다는 것이다. 그래서 바보처럼 꿈꾸고,

바보처럼 상상하며, 바보처럼 모험하라고 역설한다. 그가 말하는 바보는 바로 여기저기 기웃거리는 약삭빠른 여우가 아닌, 한 가지만 알고 그것만 바보처럼 무한 반복하는 우직한 고슴도치이다.

그가 주장하는 바보의 모습은 고슴도치와 일맥상통하다. 노자의 '대지약우(大智若愚)' 란 말처럼 너무 큰 지혜는 어리석어 보이듯, 너무 큰 위대한 전략은 멍청해 보이고 어리석어 보일 수 있다. 고슴도치의 전략이 바로 그런 것이다.

' 너무 큰 소리는 귀로서 들을 수 없고, 너무 큰 상은 눈으로 볼 수 없다. 그런즉
큰 지혜는 어리석어 보이는 법이다. '

노자老子의 [도덕경] 41장에 나오는 이 말처럼 약삭빠르게 이것저것 기웃거리는 것이 지혜로워 보이지만 실제로는 어리석은 것이다. 그리고 진정한 지혜는 우직한 바보 같이 보인다. 그래서 어리석어 보일 수밖에 없다. 노자의 같은 책 45장에 나오는 아래 말들도 모두 이러한

이치에 대해 말하고 있는 것이다.

'크게 충만한 것은 빈 것과 같다. 그러나 그것의 작용은 다함이 없다.

크게 곧은 것은 굽은 것과 같고 뛰어난 기교는 졸렬한 것과 같고,

뛰어난 말솜씨는 어눌한 것과 같다. '

우리가 인생에서 크게 성공하기 위해서는 먼저 고슴도치와 같은 우직한 바보가 되어야 한다. 그러한 바보는 작은 일을 크게 여길 줄 알아야 하고, 큰일을 작게 여길 줄 알아야 한다. 크게 버리는 자가 크게 얻는 것이 이 세상의 숨겨진 비밀이다. 고슴도치는 바로 이것을 할 줄 아는 것이다.

우리 주위에서 흔하게 볼 수 없는 대가大家, 명인名人, 장인匠人, 달인達人, 거장巨匠 등은 모두 말솜씨가 어눌하고, 굽은 것처럼 보이고, 졸렬한 것처럼 보인다. 그들은 너무 뛰어나기 때문이다. 그들은 모두 시대를 앞서간다. 그래서 동시대 사람들은 그들을 미처 제대로 알아보

지 못 하는 것이다.

셰익스피어 역시 그 당시에는 평범한 극작가에 불과 했다. 그가 너무 앞서 갔기 때문이다. 현대 미술의 토대를 형성하는 데 빼놓을 수 없는 중요한 작가인 빈센트 반 고흐 역시 그의 생전에는 아무도 그를 주목하지 않았다. 그는 살아 있는 동안에는 거의 알려지지 않았다. 하지만 그의 자화상을 비롯하여 풍경화, 초상화 그리고 해바라기 등은 세계에서 가장 비싼 작품들로 각종 기록을 갱신하며 팔리고 있다.

한국인들과 일본인들을 대 놓고 비교할 수는 없지만 분명한 한 가지 사실은 과거 우리 선조들은 고슴도치형이었고, 일본인들은 여우형이었다. 하지만 해방이 된 이후 2차 세계 대전이 끝났던 그 시기를 시점으로 하여 유형이 완전히 바뀌었다. 한국인들은 일제 치하와 6.25 등과 같은 그런 시기를 겪으면서 먹고 살기 위해 여우가 되기 시작했다. 남들보다 더 빨리, 더 많이, 더 크게 성장하고 발전하기를 갈망했다. 새마을 운동을 통해, 경제 발전을 통해, 한국은 그 어떤 나라보다 빠르게 성장했다. 세계 명문대를 나온 박사들의 수도 적지 않을 만큼 이제는 강력한 나라가 되어 가고 있다. 하지만 고슴도치 형이 아닌 여우형의 공부를 하고, 여우형의 기업을 만들고, 여우형의 정치가를 만들고, 여우형의 부동산, 주식 투자자들만을 배출했다. 그 결과 학문 분야에서 노벨상 수상자들이 단 한 명도 없는 매우 이상한 나라가 되었다. 이것저것 다 기웃거리면서 돈이 된다고 하면 몰려들고, 전망이 밝다고 하면 몰려들고, 유행이다 하면 몰려들기 때문이다. 진득하게 우직하게 한 분야만을 알고 한 분야만을 깊게 파는 사람이 없기 때문이다.

이와 반대로 일본은 2차 세계대전 이전까지는 여우였다. 이웃나라의 누군가가 도자기를 잘 만드는 명인이면 몰래 가서 잡아 오기만 했지, 자신들이 그러한 명인이 되고자 하지 못 했다. 고슴도치와 같은 근성이 없었기 때문이다. 하지만 2차 세계 대전을 통해 패전의 아픔을 겪고 나서 그들은 여우가 아닌 고슴도치로 변하기 시작했다. 그렇게 일본인들은 고슴도치로 변화되기 시작하자 세계적인 기업이 탄생했고, 세계적인 인물이 탄생했고, 세계적인 학자들이 탄생하게 되었던 것이다.

우리나라와 비슷한 교육 시스템을 가지고 있는 일본이지만 일본은 물리학, 화학, 생리학 등과 같은 기초 분야는 말할 것도 없고 문학 분야에서 까지 노벨 수상자가 고르게 배출 되는 놀라운 나라가 되었던 것이다. 그것은 그들이 우리보다 지능지수가 더 좋기 때문이 아니다. 지능지수는 한국인들이 세계 최고 수준이라는 사실을 우리는 잘 알고 있다. 일본의 교육 시스템을 우리가 그대로 일제시대부터 베꼈기 때문에 우리나라에서 노벨상 수상자가 배출 되지 않는 이유로 주입식 교육 시스템이라고 말할 수 없다. 비슷한 교육 시스템을 사용하고 있는 두 나라에서 한 쪽은 10명을 훌쩍 뛰어넘는 수상자가 배출 되었음에도 다른 한 쪽은 한 명도 나오지 않았기 때문이다.

결국 그 이유를 필자는 한국인들이 너무 영악해져서 진짜 바보인 여우 짓만 하기 때문이라고 말하는 것이다. 일본에는 지방대에서 학사 학위를 받은 평범한 중소기업 근로자가 노벨상을 받는 놀라운 일도 벌어졌다. '소니' 라는 대기업에 취직하기 위해 면접을 봤지만 면접에서 쉬운 질문에도 멋지게 대답하지 못 하여 대기업 면

접에서 떨어진 다나카 고이치는 할 수 없이 작은 중소기업에 취직하게 되었고, 그 곳에서 그는 고슴도치가 되었다. 여우형이었다면 회사 승진시험을 어떻게든 많이 쳐서 승진을 했을 것이지만, 그는 회사 승진시험을 아예 거부한 채 만년 '주임' 이라는 직책을 고집하면서, 자신이 알고 있는 단 한 가지 일인 실험과 연구에만 집중하는 우직한 바보로 살았던 것이다.

대학 시절에는 졸업을 동기생들과 함께 하지 못 할 정도로 둔재였던 그는 약삭빠른 똑똑한 사람이 아니었다. 하지만 그는 한 직장에서 한 가지 직종인 연구에만 20년이 넘게 집중해 온 우직한 바보였다. 스티브 잡스처럼 어떤 옷을 입을 까, 어떤 옷을 살까와 같은 번잡한 것에 신경을 빼앗기고 시간을 낭비하지 않기 위해 그는 양복 두 벌을 번갈아 입고 다녔고, 연구하고 생각하는 데 방해가 될 것 같을 때는 머리카락을 아주 짧게 깎기도 할 정도로 복잡하고 번잡한 것을 거부한 채, 한 가지 일만을 하는 고슴도치형이었던 것이다.

우리가 다나카 고이치 씨에게 배워야 할 점은 직위에 연연하지 않고, 세상의 복잡하고 번잡한 것에 신경을 쓰지 않고, 다른 사람의 평가나 시선에 주눅들지 않고, 오직 자기의 분야의 연구에만 우직한 바보처럼 몰두하는 자세이다.

"세상의 복잡하고 번잡한 것들은 모두 몰라도 된다. 팔방 미인과 같은 여우형 인간이 되지 말고, 하나만 잘하고, 하나만 알고, 하나에만 집중할 줄 아는 고슴도치형 인간이 되어야 한다. 그것이 세계 최고가 될 수 있는 길이다."

이것이 바로 단순하게 사는 사람, 고슴도치와 같은 사람, 우직한 바보처럼 사는 사람들이 성공하게 되고, 거장이 되는 이유인 것이다. 이런 사람들이 거장이 될 수 있었던 또 다른 하나의 이유는 이들만이 가지고 있는 특유의 '둔감력' 이라고 할 수 있다.

[빛과 그림자]로 유명한 와타나베 준이치는 일본의 가장 권위있는 문학상인 나오키상을 수상한 거장이다. 그런데 그런 그가 '거인은 둔감하다' 라는 단순하고 명확

한 개념을 역설하고 있는 책을 출간했다. 바로 [둔감력]이란 책이다.

주위 사람들이 뭐라고 해도 그저 '예' '예' 하면서 한마디로 웃어넘길 줄 아는 꺼벙이 스타일인 어떤 의사가 있었는데, 그 의사는 늘 교수에게 야단을 맞았다. 하지만 그 의사는 항상 특유의 미소와 함께 '예' '예' 라는 대답을 하며 둔감하였다고 한다. 누가 뭐라고 야단을 크게 쳐도 그는 그저 '예' '예' 라고 하면서 웃어넘기며 매우 둔감했지만, 이 사람이 훗날 일본에서 최고의 명의名醫가 되었다는 것이다.

즉 '거인은 둔감하다' 라는 것이다. 세상의 복잡다단한 것들에는 둔감하고, 자신의 단 한 가지 분야의 그 일에서는 가장 예민하게 집중한다는 것이다. 둔감할 때 우리의 숨겨져 있는 재능들이 팍팍 살아난다는 사실을 우리는 알아야 한다. 그런데 우직한 바보만큼 세상에 둔감한 사람은 없다. 그렇기 때문에 우리는 우직한 바보가 되어야 하는 것이다.

우직한 바보만큼 마음의 평안을 흐트러뜨리지 않는 자는 없다. 언제 어디서든 누구 앞에서든 가장 당당할 수 있는 자가 우직한 바보이다. 거인이 되는 길은 한 가지만 알고 있는 우직한 바보가 되는 길이다.

에필로그_ 성공은 코끼리를 잡아먹는 것과 같다

성공하는 비결은 따로 있지 않다. 태산을 오르기 위해서는 한걸음을 내디뎌야 한다. 그리고 그것을 중단하지 않는 것이다. 코끼리를 잡아먹는 유일한 방법은 '한 번에 한입씩' 먹는 것이다.

성공도 이와 같다. 성공을 할 수 있는 가장 핵심적인 본질은 이것이다.

"'하루에 하루만큼의 성공'을 하는 것이다."

이것이 가장 중요한 차별화이고, 성공의 비결이다.

하루하루 확고하게 하루만큼의 성공을 하기 위해 한발 한발 내딛는 것과 준비 없이 큰 목표만을 세워 놓고 하루의 금쪽같은 다시 오지 않는 시간을 낭비하면서도 스스로 자신을 기만하여 성공할 것이라고 생각하는 것과는 하늘과 땅 차이만큼의 차이가 벌어진다.

'하루에 하루만큼의 성공 '을 하는 사람은 결국 그것이 모이고 쌓여서 눈부시고 가슴 떨리는 인생의 성공을 하게 된다. 하지만 거창하고 큰 목표만 세워놓고 하루하루 어떻게 치열하게 보내야 할지 모르는 사람들에게는 성공이 너무나 멀게만 느껴진다.

자신의 옆에 서있는 사람은 새벽부터 잠자리에 들 때까지 남과 다른 방식으로 남과 다르게 행동하며 하루를 남다르게 보내며 하루만큼의 성공을 이루어 낸다. 이런 사람들은 남들보다 더 많이 공부하고, 남들보다 더 스마트하게 일을 하는 것으로 만족하지 않는다. 이들은 남들보다 더 많이 놀고, 더 많이 운동하고, 더 많이 즐긴다. 하지만 하루 동안에 이들의 활동은 당신보다 더 성공이라는 정상에 근접해 갔다. 그것도 몸과 마음이 지치지 않고, 오히려 활력있게, 즐겁게, 유쾌하게 말이다.

하지만 당신의 하루는 평범한 사람들과 별반 다르지 않다. 남들이 일어나는 시간에 일어나서 남들과 같은 삶을 살기 위해 밥을 먹고 출근을 하고, 남들이 하던 평범한 일을 평범하게 하고, 남들이 퇴근할 때 함께 퇴근하다. 집에 와서는 황금같은 저녁 시간을 남들처럼 TV 앞의 소파에 드러누워, 하루 동안의 힘든 업무에 스스로 보상이라도 해 주듯, 점령자처럼 TV를 마음대로 요리하면서 저녁 시간을 다 보낸다. 이렇게 하면서도 금보다 더 아까운 시간을 스스로 낭비하고 있다는 생각을 하지 못한다.

결국 이런 사람들은 어제와 다른 내일을 꿈꾸지만 절대로 어제와 다른 내일을 만나지 못한다. 그 이유는 자신이 오늘 행동한 결과가 바로 내일이 되어 그들에게 나타나는 것이기 때문이다.

어제와 다른 내일을 맞이하는 사람들은 퇴근 이후에도 평범한 사람들과 다른 삶을 살아간다. TV 앞의 소파가 아닌 도서관이나 서점에서, 그리고 체육관과 운동장에서 몸과 마음을 단련하고, 내일의 부와 성공의 씨앗을 심는다. 그 결과 이들의 내일은 누구보다 더 눈부시다. 이들은 그날 하루 동안 하루만큼의 성공을 한 사람들이다. 하루만큼의 시간을 누구보다 더 알차게 보냈고, 목표를 달성하기 위한 하루만큼의 발걸음을 확고하게 내디뎠다.

하루에 하루만큼의 성공을 함으로써 하루를 성공하는 자들은 인생에서 성공할 수 있다. 그러므로 이제 인생에서 성공하고자 한다면 하루를 제대로 잘 보내야 한다. 그리고 그렇게 하루를 잘 보내는 최고의 비결은 남과 다른 차별화, 남과 다른 사고와 행동, 남과 다른 활동이 당신의 일상에 스며들게 하는 것이다.

분명한 사실은 남들과 비슷한 하루를 보내면 당신의 인생도 역시 남들과 비슷한 인생에 집착하는 삶을 살아가야 한다는 사실이다. 그러므로 남들과 다른 하루를 보내기 위해 치열하게 고민하고 행동하라. 이것이 당신의 인생을 위대함으로 이끌어 가는 것이다. 재능이나 끈기만으로 위대한 사업을 하고, 위대한 작품을 만들도, 위대한 인생을 절대 살아 갈 수 없다. 그것만으로 이러한 일들이 가능하다면 이 세상에 위대한 기업과 작품은 차고 넘쳐야 한다. 하지만 현실은 정반대다. 위대한 삶을 살았던 이들보다 평범한 이들이 비교도 할 수 없을 만큼 많은 이유가 이것이다.

당신의 인생을 남다르게 만들어 주는 것은 지금 이순간 당신에게 주어진 오늘 하루를 얼마나 남다르게 보낼 수 있느냐 이다. 그리고 그것도 얼마나 비범하게 보내느냐에 따라 당신의 내일이 얼마나 비범하게 될 것인지가 좌우 될 것임을 명심하자.

이 세상에 존재하는 진리 가운데 하나는 '공짜 점심

이란 없다' 는 것이다. 심은 만큼 거두고, 심은 대로 거둔다는 사실을 명심해야 한다. 평범한 것을 심었을 때는 평범한 미래가 당신을 기다리고 있을 것이고, 남다른 특별한 것을 심었을 때는 남다른 특별한 눈부신 미래가 당신을 기다리고 있을 것이라는 사실은 불변의 자연의 법칙인 것이다.

성공하는 사람들은 절대로 '오늘 하루쯤' 이야 하는 생각을 하지 않는다. 그들은 오늘 하루가 인생의 전부라고 생각하는 듯, 하루를 누구보다 더 치열하게, 창조적으로, 차별화하며 보낸다. 그 남다른 그의 하루하루가 모여 남과 다른 눈부신 미래와 인생이 된다는 사실을 그들은 잘 알고 있기에 절대 주어진 하루라도 낭비하지 않는 것이다.

평범한 사람들이 성공하지 못하는 것은 큰 것, 거창한 것, 복잡한 것, 어려운 것, 꽉 찬 것이 더 나을 것이라는 통념 속에서 벗어나지 못하기 때문이다.

작은 것이 큰 것이고, 단순한 것이 복잡한 것이고, 쉬운 것이 더 어려운 것이고, 비우는 것이 꽉 채우는 것이라는 사실을 깨닫고 그것을 실천하는 사람들이 위대한 성공을 한다.

그리고 이 사실은 우리에게 단 한 가지 교훈을 일깨워 준다.

"남과 다르게 살아라. 그것이 성공의 길이다."

판권

초판 인쇄: 2026년 1월 15일
초판 발행: 2025년 1월 15일

펴낸이: 김병완
펴낸곳: (주) 플랫폼연구소

출판등록: 제 2020-000075호

이메일: pflab2020@naver.com

주소:서울시 강남구 삼성동 116 백우빌딩 402호

ISBN 979-11-24195-69-7(03190)

* 이 책의 전부 또는 일부 내용을 재사용하시려면 사전에 저작권자와 도서출판 (주) 플랫폼연구소의 동의를 받아야 합니다.

* 잘못된 책은 구입하신 서점에서 교환하여 드립니다.